中国原创绘本主题活动设计

郑慧苡　沈荣　编著

复旦大學出版社

中华传统文化源远流长,博大精深,是人类文明史上的宝贵财富,是人民智慧的结晶,影响着每一个中国人。随着社会的进步与发展,中华传统文化教育的价值在当今高速发展的社会与日益复杂的国际背景下越发凸显出来。2014年10月,习近平总书记在全国文艺工作座谈会中就已指出:"中华优秀传统文化是中华民族的精神命脉,是涵养社会主义核心价值观的重要源泉,也是我们在世界文化激荡中站稳脚跟的坚实根基。要结合新的时代条件传承和弘扬中华优秀传统文化,传承和弘扬中华美学精神。"①当前,传统文化教育已经成为各级各类学校教育的重要内容,对处于人生启蒙阶段的幼儿进行传统文化教育更具有十分深远的意义。中国原创绘本中蕴含着丰富的传统文化元素,是对幼儿开展传统文化教育的重要载体,契合幼儿园课程改革使之在幼儿园传统文化教育中发挥重要作用。

一、开展传统文化教育对幼儿发展具有重要意义

幼儿期是人成长过程中最关键的一个阶段,此阶段幼儿的价值观和认同感都尚未形成,在幼儿园中对幼儿开展传统文化启蒙教育对其文化素养和审美能力以及生活习惯的培养等都会更加容易。幼儿传统文化启蒙教育目的在于让幼儿了解传统文化,体会其魅力,传承发扬中国传统文化精神,培养其热爱祖国与民族文化的品格。这不仅有利于培养幼儿的民族精神、爱国主义情感、民族认同感和审美能力,还可以在发展幼儿想象力的同时培养其创造力。幼儿作为生活于社会中的个体,必须具有深厚的爱国主义情怀,了解中华民族的历史,了解中华文化思想底蕴。幼儿教育是我国教育体系的重要组成部分,是基础教育的基础,对幼儿的发展有着重要影响。而幼儿教育的使命便是把幼儿培育成人,培育成热爱祖国,热爱民族文化的现代中国人。《幼儿园教育指导纲要(试行)》中明确提出,要"引导幼儿实际感受祖国文化的丰富与优秀,感受家乡的变

---

① 习近平.习近平谈文艺精彩话语摘编——习近平:中华优秀 传统文化是中华民族的精神命脉[EB/OL]人民网. 2014-10-16.(http://cpc.people.com.cn/n/2014/1016/c164113-25845591.html)

化和发展,激发幼儿爱家乡、爱祖国的情感"。① 这使得幼儿园开始重视我国传统文化在幼儿园教育中的渗透,有利于丰富传统文化启蒙教育资源、方式方法,使传统文化发挥的作用最大化,从而得以传扬。

然而,当前幼儿园传统文化启蒙教育途径较为局限,限于多样的艺术教育形式,很容易被简单地理解为接受具有中国传统文化要素的音乐、美术、体育。有的幼儿园教师片面地将传统文化教育理解为"复古""读古诗""看古书""学古礼",盲目崇拜、跟风"读经"等,很少涉及深层次的传统文化思想内涵、价值观念、审美取向等传统文化内核,如传统中国文化中的尊重自然、勇敢和敬畏生命、含蓄谦虚等优良品质。这就使得当前幼儿园传统文化启蒙教育的途径较为局限,多为学习刻板的诵读、传统绘画技巧等。幼儿园传统文化启蒙教育的目标应以情感目标为重,体验其情感内涵,分享乐趣,以培育初步的文化认同感和自信心,而非单纯地以培养技能和知识为目标,了解浅显的传统文化知识,掌握简单的传统文化技能与方法。这些传统文化内隐性的内容需要在以直接经验为基础的前提下,把传统文化启蒙教育的教育目标渗透在幼儿的一日生活中。还需要教师遵循幼儿年龄特点进行有计划的引导,遵循幼儿本位的原则,选择幼儿感兴趣的、贴近幼儿实际生活的教育内容,从而改变当前传统文化启蒙教育过程中途径单一的问题。

二、中国原创绘本中蕴含着多样的传统文化

根据已有研究,中国原创绘本指的是由我国作家或画家自主创作完成的,蕴含着传统文化精神内核的图文相融的文学作品。21 世纪以来,中国原创绘本开始大量出现,并且质量逐年提高,当下,具有中国传统文化元素和题材的绘本则成了幼儿民族教育的新宠,它们是对幼儿进行传统文化教育的重要载体。

中国原创绘本本身蕴含着丰富的传统文化元素。无论是各大奖项各类获奖作品中的原创绘本,还是目前市场上的原创系列绘本,都是运用不同类别传统文化要素创作的,如传统节日、传统寓言故事、十二生肖、二十四节气等,最新出版的系列中还有诸多传统技艺类的绘本。由于我国传统文化中有很多特色鲜明的元素,因此有更多的优秀画家和作家参与到原创绘本的创作过程中,捕捉传统文化元素融入绘本中。许多蕴含传统文化元素的原创绘本的内容来源于神话传说、民间故事、寓言故事、传统家庭故事、古典文学名著、经典戏剧戏曲、名人故事等,如绘本《百鸟朝凤》的题材源自我国一个古老的神话故事。它主要讲述了凤凰是如何成为百鸟之王的,故事中

---

① 教育部.幼儿园教育指导纲要(试行)(教基[2011]20 号)[EB/OL].2001-07-02.

凤凰善良、勤劳、乐于助人和舍己救人的高尚品质被刻画得淋漓尽致。这个绘本不仅能让幼儿感受中国传统故事的魅力,我们的家长和老师还能通过故事对他们进行道德品质上的引导。表现形式上原创绘本注重中国元素的应用,如水墨画元素、戏曲表演元素等,这些都是进行传统文化教育的重要素材。加之阅读这种潜移默化的教育形式会带来较为隐性的教育结果,在潜移默化中积累和提升幼儿对传统文化的感知力。因此,中国原创绘本可以作为一种重要的传统文化启蒙教育形式,可以对幼儿的精神内核加以滋养。

中国原创绘本的内容贴近我国幼儿生活经验。幼儿阶段是人生的初始阶段,他们认识世界多以直观表象的形式进行,带有鲜明的具体形象性。如果幼儿所阅读的内容是生活中所经历和体验过的事物,幼儿会更加有兴趣,也会更好地理解内容。中国原创绘本正是通过再现幼儿社会生活经验,激发幼儿表达自己的想法,提高他们对原创绘本中传统文化内涵的理解和把握。如《团圆》,作为早期出现的优秀原创绘本,抓住了中国人过年全家团聚的传统习俗,融入过年买新衣、剪头发、舞龙等元素,通过爸爸在外打工只有过年才能回家的童年经历,引起幼儿共鸣,更是让幼儿体会到父亲对孩子的爱。如《盘中餐》是一本以云南元阳哈尼族梯田为地理背景的写实绘画风格的科普类绘本,生动详细地向幼儿展现了哈尼族二十四节气贯穿的一年劳作场景。充满地域特征的绘本会给当地的幼儿亲近感,体验也会更加深入,从而更好地保持幼儿的兴趣。

三、中国原创绘本在幼儿园传统文化教育中具有独特价值

中国原创绘本作为我国本土作品在对幼儿进行传统文化教育中有着独特的价值。运用原创绘本,不仅可以让幼儿领略中华文化的外在风采,还可以让幼儿在他们易于接受的阅读材料中,通过潜移默化的方式加强其对传统文化的认知,提升幼儿对传统文化中精神内核的感受力。绘本有着独特的文学性和艺术性,融美学欣赏与阅读体验于一体,是最易于被幼儿接受的文学作品,非常适于浸润式地传承和弘扬优秀文化。[①]

首先,原创绘本中包含很多传统文化的外在表现形式。如《清明节》《长坂坡》《香香甜甜腊八粥》中的建筑、剪纸、水墨画都是传统文化的象征性符号;《小粽子,小粽子》《中秋节快乐》《小年兽》中涉及的食物、节日、房屋代表着大众文化生活的符号;《盘中餐》中刻画的云南哈尼族梯田代表着我国的地理文化符号。这些外在的"中国文化符号"可以让幼儿更加直观地了解中国传统文化的魅力。

---

① 周慧琳.提升编辑素质　增强文化自信[J].中国编辑,2017(12):4—7.

其次,我们期待的中国幼儿要有共性情怀、民族意识,掌握中国人所特有的认识世界、自然、生命的方法和手段,具有中国人独特的审美能力。熊亮、保冬妮、李卓颖等原创绘本作家的作品强调中国绘本要体现出与西方审美不一样的特质,即"注重神而忘形、万物有情,注重内在的音律节奏、气韵生动、虚实相生"。[①] 从很多优秀的原创绘本中我们可以看到诸子百家所宣扬的"天人合一"精神,其绘画风格则体现了我国"虚实相生"的哲学思想,以及我国特有的为人处世之道和现代的教育理念。

最后,由于幼儿认知发展的特殊性,对幼儿进行道德教育不能采用传统的教科书和死板的说教,而是要结合幼儿特点运用幼儿易于接受的媒介和方式。绘本中文图结合,给幼儿想象的空间、观察故事人物细节的时间与联结生活经验的机会,是对幼儿进行道德教育的良好素材。[②] 如由于文化观念的差异,我国所倡导的传统道德观念如"孝亲敬长""尊老爱幼"等很难从引进版绘本中找到直接相关的内容,这就需要我们利用原创绘本中所蕴含的属于中国人的伦理道德,在潜移默化中教导幼儿了解人情世故,懂得伦理亲情。

四、承载幼儿园课程改革的当代需求

由幼儿园课程改革的发展历程可知,当前我国幼儿园课程改革提倡课程统整化,主张以主题活动的形式来开展幼儿园教育。主题活动充分体现了新的儿童观、课程观和教育观,即以幼儿为主体、以主题形式组织和统整活动内容,充分利用各种教育资源,调动幼儿主动探索周边事物特征的积极性,引导幼儿建构自身完整经验和多元能力,帮助他们形成良好的个性,为幼儿个体完整人格的实现奠定坚实的基础。

幼儿园在开展主题活动时,中国原创绘本资源能够充分联结幼儿的兴趣点和经验点,引发幼儿主动探索,在培养幼儿阅读兴趣和阅读习惯的同时,推动主题活动不断向深度发展。即可采用多领域内容整合、多区域游戏拓展、多形式主题建构等方式,充分挖掘原创绘本的资源价值,把单一的原创绘本阅读与多元的各领域活动连接在一起,使主题活动不断推进,幼儿学习不断深化,幼儿经验不断发展;也可以其中一个绘本内容为主题,深入挖掘其可实施的、幼儿感兴趣的教育内容及资源,根据幼儿的已有经验和最近发展区,结合该绘本内容设计主题活动,形成循序渐进、环环相扣、多领域融合的主题活动。

中国原创绘本的类型多种多样,因此我们在选择绘本时,要根据幼儿的年龄阶段选择适合

---

① 初滢滢.中国原创图画书的诗意建构[J].大众文艺,2018(03):124—125.
② 吴佳芬.原创绘本的理念与开发——基于德育教学视角的尝试[J].教育学术月刊,2019(07):93—102.

的绘本,选择的中国原创绘本应是幼儿感兴趣的或与活动主题密切相关的。中国原创绘本主题活动的设计与实施要以幼儿为本,在设计方案的过程中调查"我想知道什么""我喜欢玩什么",收集幼儿的兴趣点和关注内容,将这些内容转化为中国原创绘本幼儿园主题活动中的集体学习活动或游戏活动的内容。在主题活动具体实施的过程中,教师应引导幼儿成为活动的主人,在参与和探索中观察、发现,并推动主题活动的高效与深入发展。主题活动的形式与内容要满足个体需求,根据幼儿自身的特点来制订不同的学习目标和进度计划,选择和应用不同的学习方法、手段与工具。这不仅使更多的幼儿愿意参与到中国原创绘本幼儿园主题活动中,也可以最大限度地调动幼儿参与活动的积极性与主动性。主题活动的调整与延伸要及时进行,这些对主题活动的调整与延伸活动的形式和方法可以多样化,可从幼儿园内的活动扩展到家园活动、亲子活动等,让中国原创绘本幼儿园主题活动的开发更为深入。

五、本书编著的相关说明

本书选取 9 本中国优秀原创绘本,按小、中、大班三个年龄段分别选取 3 本绘本,先为每一本原创绘本作了作品赏析,让读者全方位了解该原创绘本中的传统文化内涵;再根据小、中、大班不同年龄段幼儿的认知水平,围绕不同绘本中传统文化内容,创设了不同领域的主题教学活动,这些活动呈现了幼儿不同年龄发展特点,关注幼儿持续发展的需求,始终以原创绘本中的中国元素为支撑点,为幼儿园传统文化启蒙教育提供新的途径。这些主题活动的设计十分重视原创绘本题材的新颖性和丰富性,所选的 9 本绘本既有民间故事题材,又有传统节日和节气题材,还有传统戏剧题材。只有选择多种题材的绘本,才会让幼儿接触更加全面的传统文化教育,从而更好地达到传统文化启蒙效果。与其他外显性较强的传统文化启蒙教育途径不同的是,中国原创绘本主题活动这种方式不仅可以使幼儿学习我国优秀的传统技艺,还可以使幼儿在相关的绘本阅读、游戏活动、延伸活动的开展过程中更好地感受原创绘本内隐性的传统文化要素,在不知不觉间得到传统道德、民族品格的内在滋养,从而对幼儿实现真正意义上的、由内至外的传统文化启蒙教育,弘扬中华优秀传统文化。

传统文化教育需要通过多渠道开展,本书改变了以往只运用绘本进行语言教育的模式,而是围绕中国原创绘本的内容,融合不同领域的教学活动,促进幼儿对绘本的理解,以养成幼儿传统文化素养。在同一个领域探索多元学习内容,挖掘深度学习潜能,设计多个活动方案,以供教师们选用有针对性的、更加适宜的活动方案开展教育教学,如在艺术领域有音乐和美术的教学活动,科学领域有科学和数学。考虑到角色扮演是幼儿喜欢的一种活动形式,在表演游戏中,让幼儿扮演绘本作品的角色,通过对话、动作、表情等表现故事情节,发挥想象力。为了让幼儿能更直观、立体地感受绘本中发生的故事,本书还专门设计了绘本剧供幼儿开展戏剧表演活动。再通过对每一个绘本进行深入的解读、分析,挖掘其中所体现的传统文化价值及适宜幼儿接受和理解的内容,开展教学活动。为了将幼儿真正地带入传统文化的世界中,本书对所选的原创绘本采取动态的教学形式来设计活动,将这些中国原创绘本的内容与游戏相结合,从而提高绘本教学的趣味性,明确幼儿是学习的主体,真正促进幼儿的有效学习。

本书编著的具体分工如下:

郑薏苡(温州大学)负责确定全书的编写提纲、体例,执笔部分绘本赏析和绘本剧剧本,并负责书稿的编写组织和统稿工作;沈荣(华东师范大学附属紫竹幼儿园)执笔全书中所有主题活动的设计意图与大班活动设计;汲克玲(华东师范大学附属紫竹幼儿园)、白翎(华东师范大学附属紫竹幼儿园)、王晓莉(华东师范大学附属紫竹幼儿园)、何姿(杭州市滨江区钱塘山水幼儿园)、梁瑶瑶(温州市第六幼儿园)分别执笔小、中班的活动设计;王德凤(潍坊工程职业学院)执笔部分绘本赏析。

本书编写得到了温州大学教育学院学前教育专业有关领导的大力支持和帮助,复旦大学出版社的谢少卿编辑对本书的编写与出版提供了许多宝贵的意见和建议,在此一并表示最真挚的感谢!

在本书的编著过程中,我们参阅了一些相关的书籍,并采纳了一些专家学者的观点,也在幼儿园进行了试教活动,虽已付出全力,但书中仍可能有一些疏漏,谨请专家、读者指正,以便进一步修订完善。

2021 年 10 月

目录

大班中国原创绘本主题活动设计

小·班

中国原创绘本主题活动设计

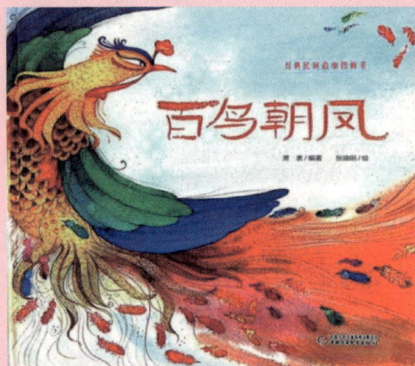

图 1-1-1

绘本 1：
《百鸟朝凤》

作　者：萧袤/编著　张晓明/绘

出版社：中国少年儿童出版社

相关信息：《百鸟朝凤》是全国儿童文学奖、冰心儿童文学新作大奖、丰子恺儿童图画书奖得主萧袤的最新力作，该绘本为一个古老民间故事赋予了新的内涵。

一、绘本赏析

"百鸟朝凤"的传说出自《太平御览》，古时候人们用它来比喻君主圣明、天下依附。作家萧袤结合儿童的认知特点对其进行了现代演绎，创作了绘本《百鸟朝凤》，并将"百鸟朝凤"与有趣的数学题结合，将传统与时代相结合，焕发出新的光彩，让小读者们真切感受到民族文化经典之美。同时，运用反复的手法以及绚烂的画面描绘妙趣横生的故事，实现了一场善与美的对话，让孩子们理解和思考什么是善，什么是美，什么是人间大爱。

从古至今，凤凰在中国人的心中都是一个非常尊贵的图腾，是人间幸福的使者。传说凤凰每五百年就要背负人间的苦难和仇恨，葬身火海，涅槃重生，用自己的生命换来人世间的幸福与美好。说到"百鸟朝凤"，我们或许会联想到小时候在邻居家喜宴上听到的大气磅礴的唢呐演奏，一班人吹吹打打好不热闹。又或许会联想到小学课本里的故事，凤凰相貌平平，在大家忙着打扮的时候，它却踏踏实实地收集果实，最终帮助大家渡过难关，成为百鸟之王。看到绘本《百鸟朝凤》，我们不禁会好奇：这个由传说改编而成的绘本到底会是什么样子？

作者并没有照本宣科地复述一个古老的民间故事，而是通过多种角度进行刻画，自然而然地道出"百鸟朝凤"真正的内涵：舍己为人，福泽万物，德高望重，众望所归。在画风上也是兼具古风优雅与时代特色，将传统的装饰版画与水彩画相结合，层次分明，虚实相生，神气灵动，颜色丰富却不落俗套。重新演绎古老传说，为孩子们的心灵打上真善美的底色。

一只只小鸟不断往南飞去，它们要去干吗？这个预测性问题吸引着我们不断读下去，并且作者恰到好处地运用了反复的手法，将"你们要去干吗呀？""我们要去看凤凰"作为每页的开头，足足重复了 7 次之多，通过这种反复实现情感的递进，引发读者的阅读期待，同时运用"留白"让读者在脑海里不断刻画自己想象中的凤凰，并通过侧面描写和正面描写相结合，让凤凰的形象逐渐丰满和立体起来，凤凰住在高高的梧桐树上，梧桐树长在高高的山岗上，去那里要翻过九十九座山，鸟儿们一个接一个衔着自己最漂亮的羽毛前去……直到炫美华丽的凤凰出现，读者的情感达到高潮，画家刻画的凤凰灵气生动，恰到好处地填补了读者心中的期待，图文配合恰到好处，"一个接一个前去"这种排队式的情节也是孩子们喜欢的，因为读起来充满趣味。读到这里，孩子们心中不禁有个疑问：他们为什么要这样做？原来凤凰不仅用自己储存的食物帮助其他鸟类，而且还在大火中救助受困的小鸟，而它自己的羽毛在火海中却被烧光了。到此，一切谜团解开，使得主题得到升华，凤凰的形象更加饱满，它不仅乐于助人，而且非常勇敢。鸟儿们纷纷赶来为帮助过它们的凤凰做一件最美的羽衣。这也实现了爱的传递、美的感染。这也体现了我国"投我以木桃，报之以琼瑶"的传统美德。

除此之外，这本绘本将教育性完美地融入其中。作者将数学知识蕴含在这妙趣横生的故事之中，让就算是没学过太多数学运算的幼儿在阅读的过程中，不知不觉也能初步了解一些基本的数学符号，众多的鸟类及羽毛也非常适合幼儿学习一一对应地点数，为获得数概念打下良好基础。在结尾处作者独具巧思地揭晓了一个有趣的彩蛋，也回应了百鸟朝凤的主题。"一只又一只，三四五六七八只"，读到这里，小读者们就会惊奇地发现："原来真的是百鸟朝凤啊！"另外，在环衬中有众多美丽的羽毛，它对应了书中没有文字却非常有趣的一页，幼儿天生喜爱细节，我们读到这一页不妨慢下来，和孩子们一起寻找自己最喜欢的羽毛，说说为什么，从而培养幼儿的审美能力。对于"热浪滚滚""寒风凛冽""高耸入云"等幼儿可能比较难以理解的词语，也可以在故事情景中自然而然地习得。

这一切都反映了作者在绘本创造上的精心雕琢和对儿童心理的了解，真正实现了将传统故事演绎成兼具趣味性和教育性的现代儿童读物，完成了一场善与美的对话。

二、《百鸟朝凤》主题活动设计

《百鸟朝凤》主题活动设计意图：

《百鸟朝凤》是中国传统故事，在民间广为流传。最为著名的是河南、山东等地演奏的曲目形式——唢呐曲，它通过中国传统器乐唢呐将大自然鸟语花香、生机勃勃的场景描绘得淋漓尽致。此外，《百鸟朝凤》还被改编成钢琴曲、古筝曲、手风琴曲等，而对于幼儿园小班幼儿来说，要帮助他们了解"百鸟朝凤"的故事内容，通过绘本形式是再好不过的。

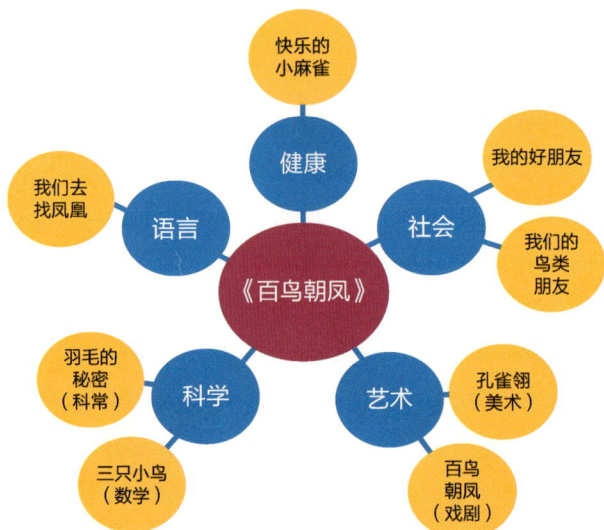

图 1-1-2

《百鸟朝凤》有很多不同的版本，但无论哪一版本，都是传扬凤凰助百鸟、百鸟敬凤凰的美好故事。在古代，百鸟朝凤的故事比喻君主圣明则天下归心，在现代则象征有德者众望所归，而在跟幼儿一起阅读的过程中，我们则可以从朋友之间互帮互助、团结友爱的角度出发和幼儿进行互动。这是一场关于真善美的对话，真善美是抽象的，干瘪的说教并不能引起幼儿的共鸣，但幼儿可以在故事中理解什么是善、什么是美，在阅读中感受与思考绘本传递的情感。

活动一：我们去找凤凰（偏语言领域）。基于绘本，引导幼儿观察百鸟朝凤的画面内容，从"鸟儿为什么要去看凤凰"的问题出发，理解凤凰乐于助人终成鸟中之王的故事情节，在活动中，教师通过"思维导图"的形式帮助幼儿梳理"鸟儿去看凤凰"的原因，进一步理解绘本要表达的内涵。同时在活动中，教师也鼓励幼儿围绕故事中出现的问题，表达自己的想法。

活动二：我们的鸟类朋友（偏社会领域）。小鸟是小班幼儿较为熟悉的动物，在阅读了《百鸟朝凤》的基础上，教师通过相关的图片、视频，进一步帮助幼儿了解鸟类是我们的朋友，感受鸟类与人类的关系，从而萌发爱护鸟类朋友的情感，并通过制作爱鸟宣传牌等拓展活动让幼儿们一起参与，身体力行保护鸟类。

活动三：孔雀翎（偏艺术领域——美术）。小班幼儿感知觉逐渐发展，色彩鲜艳的事物特别容易引起小班幼儿的兴趣和关注。因此教师通过"百鸟"中一直深受幼儿喜爱的孔雀设计了相关教学活动。在本次活动中，幼儿能欣赏感受孔雀羽毛独一无二的美，并通过点画的方式表现孔雀羽毛均匀饱满、色彩鲜艳的特征。在活动过程中，教师鼓励幼儿大胆尝试，通过活动引导幼儿喜欢手指点画活动，体验用手指点画孔雀翎的乐趣，产生艺术表现的愿望。

活动四：三只小鸟（偏科学领域——数学）。小班幼儿能够区分明显的大与小，但对于中间尚未建立明确的概念,因此本次活动教师将重点放在"大中小"和"颜色"两个维度上,活动要求幼儿"能区分大小和颜色,能根据小鸟的大小和颜色进行匹配"。由于小班幼儿的认知很大程度上依赖于行动,因此在活动中,教师除出示具体形象的三只小鸟之外,也将通过动作、声音等方式,帮助幼儿理解、比较大中小的概念。同时本次活动教师很好地关注了幼儿之间的差异性,幼儿能根据"羽毛"特点,从已有经验出发选择"大中小"或"颜色"中的一个维度进行落实,或同时兼顾两者,非常适合小年龄段幼儿开展。

活动五:快乐的小麻雀(偏健康领域)。蹦蹦跳跳的小麻雀在生活中随处可见,本次活动教师设计了以"麻雀"为主题的教学内容。根据小班幼儿动作发展特点,教师将鼓励幼儿尝试从15~30厘米的高处往下跳,双手摆臂,双脚轻轻落地,考虑到幼儿发展之间的差异性,因此在本次活动中幼儿能根据自己的需求选择不同高度的"小树"往下跳,通过尝试、练习以及"狐狸和麻雀"的小游戏巩固运动内容,快乐地参与到活动之中。

活动六:羽毛的秘密(偏科学领域——科常)。色彩多样、大小各异的羽毛总是能吸引幼儿的目光,因此本次活动教师将为幼儿提供多种鸟类的羽毛,利用多种感官直接感知,通过看一看、比一比、摸一摸、猜一猜等方式,引导幼儿仔细观察各种各样的羽毛,鼓励幼儿大胆猜测羽毛的秘密,并引导幼儿在实际操作中发现羽毛的特征及其作用。本次活动能进一步引导幼儿感知羽毛对于鸟类的重要性,激发幼儿对鸟类的关注,并培养幼儿的探索兴趣和能力。

活动七:我的好朋友(偏社会领域)。绘本《百鸟朝凤》中传递的重要概念之一是"情谊",在阅读绘本《百鸟朝凤》的过程中,幼儿能感受到凤凰和百鸟之间的情谊。回到幼儿的生活中,每个孩子都有自己的好朋友,他们每天快快乐乐地在幼儿园生活。但是幼儿未必能关注到自己的好朋友有什么特别的地方。因此本次活动教师将以游戏"找朋友"贯穿始终,通过红绿小屋,将朋友藏起来,引导幼儿在看看、猜猜、玩玩、说说中关注同伴的特征,找出好朋友,感受和同伴一起游戏的快乐。

活动一:我们去找凤凰(偏语言领域)

活动目标:

1. 观察绘本画面,理解凤凰乐于助人终成鸟中之王的故事情节。
2. 能围绕故事中出现的问题,愿意表达自己的想法。

活动准备:

物质准备:绘本《百鸟朝凤》、思维导图(关于为什么要去看凤凰的讨论)。

经验准备:有自主阅读绘本的经验。

活动过程：

一、集体阅读，初步感知

1. 教师出示绘本 P1 中的小鸟图片

重点提问：仔细观察图片，看看这是谁？（是小鸟）

师：飞来了一只小鸟！一只小鸟向南飞去。

2. 陆续出示绘本 P5—P7 中的小鸟图片

师：这次来了几只小鸟，猜猜它们要去干什么？（两只小鸟，它们要去找食物/有很多小鸟，它们一起飞）

> 小结：三只四只五六只，好多好多鸟儿向南飞去，它们要去看凤凰。

二、尝试自主阅读，理解故事情节

1. 带着问题，引导幼儿自主阅读故事中间部分（绘本 P10—P17）

师：鸟儿们为什么要去看凤凰？

教师关注并引导：一页一页轻轻翻，从左往右仔细阅读。

2. 交流分享

重点提问：鸟儿们为什么要去看凤凰？（因为凤凰很漂亮，所以鸟儿们想去看她）

师：凤凰美丽极了，羽毛绚烂无比，鸟儿们想去看看凤凰的美丽外貌。除了这个原因，还有其他原因吗？（凤凰受伤了，所以鸟儿们想去看看她，凤凰是因为帮助鸟儿才受伤的）

师：观察得真仔细，听说凤凰受了伤，歌声充满悲伤，所以鸟儿们要去看凤凰。（凤凰住在一棵很高的树上）

师：原来凤凰的住所很特别，在高高的梧桐树上，所以鸟儿们想去看凤凰。

教师根据幼儿回应并用气泡图做梳理和小结。（见图 1–1–3）

> 小结：凤凰美丽极了，羽毛绚烂无比；凤凰住在高高的梧桐树上，梧桐树长在高高的山冈上；听说凤凰受了伤，歌声不再嘹亮充满悲伤，所以鸟儿们要去看凤凰。

3. 集体阅读故事后半段（绘本 P19—结尾）

重点提问：去看凤凰很艰难，需要经过九十九座山，有的热浪滚滚，有的寒风凛冽，有的高耸入云，为什么鸟儿们还要去看凤凰？（因为凤凰帮助过鸟儿们）

师：凤凰是如何帮助鸟儿们的？（凤凰跟鸟儿们分享吃的）

师：是的，没东西吃时，凤凰跟鸟儿们分享食物，帮助鸟儿们渡过难关。

师：这里发生了什么事？（凤凰还飞到大火里救其他小鸟）

> 小结：确实，没东西吃时，凤凰跟鸟儿们分享食物，帮助鸟儿们渡过难关；着火时，凤凰冲进火海救鸟儿们，受了很重的伤，毛都掉光了，所以即使再困难，鸟儿们还是愿意去看凤凰的。

三、经验拓展

1. 进一步感受故事中的情感

重点提问：鸟儿们很感谢凤凰，它们是怎么帮助凤凰的，凤凰为什么成为百鸟之王，被帮助后的凤凰看上去怎么样？（它们把自己的羽毛送给了凤凰/凤凰又变得很漂亮了）

> 小结：原来凤凰乐于助人，鸟儿们衔着自己最美丽的那根羽毛向南飞去看凤凰，给凤凰做一件最美的羽衣，凤凰又变得美丽极了，她成了吉祥之鸟、鸟中之王。

2. 拓展延伸

师：我们小朋友生活中可以做哪些事情帮助别人呢？（××摔倒了，她哭的时候我会给她拿纸巾/洗手的时候我会帮××拉袖子/我会帮助小朋友们一起收玩具）

附思维导图：为什么要去看凤凰

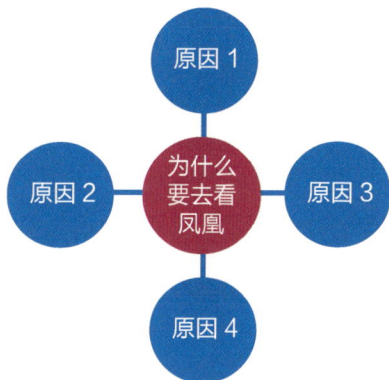

图 1-1-3

活动设计者：王晓莉（华东师范大学附属紫竹幼儿园）

活动二：我们的鸟类朋友（偏社会领域）

活动目标：

1. 知道鸟类是我们的朋友，感受鸟类与人类的密切关系。

2. 喜欢鸟类，萌发爱护鸟类朋友的情感。

活动准备：

物质准备：教学 PPT，保护树林、帮受伤的鸟包扎、树立爱鸟宣传牌、砍树、捕猎、张网捕鸟等图片。

经验准备：有阅读绘本经验，初步了解"爱鸟周"的含义。

活动过程：

一、导入活动——交流"爱鸟周"

重点提问：你们知道"爱鸟周"是什么意思吗？（就是爱护小鸟的意思）

> 小结：鸟类是我们人类的朋友，我们的生活离不开鸟类，为了提醒大家要爱护鸟类，人们确立了一个特别的日子，把每年4月底5月初的一个星期设定为"爱鸟周"。

二、讨论鸟类与人类的关系

1. 观看鸟类图片，交流自己认识的鸟

过渡：给大家介绍一下你认识的鸟类朋友吧。（麻雀、鸽子、鹦鹉等）

（教师播放教学PPT）重点提问：鸟和我们人类有什么关系呢？它能给我们的生活带来哪些帮助？（鸟会捉害虫，吃虫子/我知道信鸽，它们会送信，还会自己回家/鹦鹉还会学人说话）

> 小结：地球上的鸟类有许多本领，有的鸟吃害虫，保护庄稼和树木；有的鸟会送信；有的鸟可以为人类提供有营养的蛋；有的鸟可以供人们观赏。鸟是人类的好朋友，给我们带来很多帮助。

2. 交流讨论，理解鸟类的重要性

重点提问：如果没有鸟类，我们的地球会变成什么样？（大树会被害虫吃掉，庄稼也被害虫吃掉）

> 小结：是的，鸟会吃害虫，如果没有鸟类朋友，许多大树就会生病，这样我们的环境也会变坏。有了鸟类朋友，我们的地球会变得更美。·

三、进一步讨论，区分对待鸟类的正确行为

教师出示保护树林、帮受伤的鸟包扎、树立爱鸟宣传牌、砍树、捕猎、张网捕鸟等图片，幼儿随机选取图片，观察图片内容，并表达自己的看法，师幼共同小结保护鸟类的行为。

师：你的图片上有什么？（这只小鸟受伤了，这个叔叔在帮它包扎）

师：帮助受伤的小鸟包扎，你觉得这个做法怎么样？（帮助小鸟是对的）

师：还有哪些图片上的做法是正确的？为什么？（保护大树的做法也是对的/大树是小鸟的家，保护大树小鸟就有家了/插牌子提醒我们保护小鸟也是对的）

师：哪些做法是不对的呢？（砍树是不对的/抓鸟是不对的）

> 小结：就像小朋友们说的，鸟类是我们的好朋友，保护鸟类的生存环境，保护树林，帮受伤的鸟包扎、树立爱鸟宣传牌等方法都可以保护鸟类；砍树、捕捉小鸟是伤害鸟类的做法。

活动延伸：

完成鸟类调查表：回家和爸爸妈妈调查一种生活中常见的鸟类，观察它长得怎么样，喜欢吃什么，喜欢生活在哪里等，为后续进一步分享做准备。

活动设计者：王晓莉(华东师范大学附属紫竹幼儿园)

活动三：孔雀翎(偏艺术领域——美术)

活动目标：

1. 尝试用点画的方式表现羽毛均匀饱满、鲜艳绚烂的特征。
2. 喜欢手指点画活动，体验用手指点画孔雀翎的乐趣。

活动准备：

物质准备：可用手指蘸色的各色颜料盘、擦手的抹布、纸、孔雀黑白图打底画。

经验准备：有阅读绘本《百鸟朝凤》的经验。

活动过程：

一、出示孔雀图片，引发幼儿兴趣

教师与幼儿共同欣赏孔雀翎，重点观察孔雀羽毛均匀饱满、色彩鲜艳的特征。

重点提问：孔雀的羽毛是什么样子的？(是绿色的/也有白色的，我在动物园看过白孔雀)

师：孔雀的羽毛大多数是绿色的，也有少数孔雀的羽毛是白色的，很漂亮，颜色非常绚烂。

教师出示一根孔雀羽毛的特写图片。

师：仔细观察，除了羽毛的颜色，看看它的形状长什么样子？(像小扇子一样/羽毛中间一圈一圈的，有个漂亮的圆点)

师：是的，你们观察得很仔细，孔雀开屏时所有羽毛像扇子一样打开，鲜艳夺目，非常漂亮。

> 小结：孔雀羽毛的颜色很漂亮，绚烂无比，孔雀的羽毛是一根一根的，有长有短，每根羽毛上都有一个漂亮的圆点花纹。

二、手指点画，大胆表现

1. 教师与幼儿共同讨论如何用手指均匀点画孔雀羽毛

重点提问：今天我们不用笔，只用这些颜料盘里的颜料，请大家把孔雀的羽毛变成五颜六色的孔雀翎。想一想，可以怎么画？(用笔画上去/用刷子画/用小手点上去)

小结：原来有这么多方法可以画画，今天我们可以用小手指点画的方式来表现孔雀翎。

2. 尝试均匀点画，表现羽毛均匀饱满、色彩鲜艳的特征

重点提问：怎样才能把羽毛画得很多、很丰富、很饱满呢？（手指多蘸点颜色/多点几次/点的时候不留白点）

小结：可以使用不同颜色增添羽毛，均匀分布，羽毛的颜色就很饱满啦。

3. 幼儿操作，教师巡回指导

引导幼儿用点画的方式填满羽毛，关注点画过程中幼儿保持自身、作品及桌面清洁的情况。

三、展示作品，分享交流

师：你最喜欢哪幅作品，为什么？（我喜欢××画的孔雀，他的孔雀羽毛很漂亮）

小结：点画的时候可以依次点，这样画出的羽毛颜色非常饱满鲜艳。

图 1-1-4

活动设计者：王晓莉（华东师范大学附属紫竹幼儿园）

活动四：三只小鸟（偏科学领域——数学）

活动目标：

1. 区分大小和颜色，能根据小鸟的大小和颜色进行匹配。
2. 乐于在匹配的过程中说说理由，体验参与活动的乐趣。

活动准备：

教学 PPT（三只小鸟图片，礼物盒图片等），大、中、小（对应红、蓝、黄）小鸟图片的框子；大小和颜色对应的羽毛若干（幼儿操作时使用）。

活动过程：

一、观察猜测——区别大、中、小

1、教师在 PPT 中出示大、中、小三只小鸟的剪影图片

师：猜猜谁来了？你是怎么猜到的？（是小鸟/小鸟有翅膀）

师：来了几只小鸟，它们有什么不一样？（来了三只小鸟/有的小鸟大，有的小鸟小）

师：你们发现了大小的区别，大的小鸟什么地方大，小的小鸟哪些地方小呢？（大鸟翅膀很大/它的嘴巴、身体也很大/小鸟的翅膀很小/它的嘴巴、身体也很小）

师：那中间的小鸟呢？（中间的鸟不大也不小）

2. 通过动作表示三只小鸟的大小

师：我们用动作来表示吧，怎么样的是大大的/小小的小鸟？怎么样表示不大也不小呢？（手臂打开是大鸟，手臂放下是小鸟/跳起来表示大鸟，蹲下来表示小鸟，站着就是中间大小的鸟）

二、操作发现——匹配大小及颜色

1. 邀请鸟儿快出场——通过声音匹配大、中、小

师：我们一起用不同的声音邀请三只小鸟出来吧，大大的鸟用什么声音邀请它，小小的鸟用什么声音邀请它，那中间的小鸟用什么声音邀请它呢？（大大的/小小的/不大不小的鸟用大大的/小小的/不大不小的声音邀请它）

师：我们试试，小鸟小鸟快出来！（小鸟小鸟快出来）

教师在 PPT 中将剪影图片用红、蓝、黄三只小鸟进行覆盖。

师：3——2——1，小鸟出现了，除了大小，它们还有哪里不一样呢？（颜色不一样，一只是红色的，一只是蓝色的，一只是黄色的）

2. 帮助小鸟选礼物——通过礼物匹配大小或颜色

过渡：三只小鸟向南飞，猜猜它们今天会飞去哪里？（它们要飞去看凤凰）凤凰邀请之前帮助过它的小鸟们前去做客，三只小鸟正要飞去看凤凰呢！

师：三只小鸟决定选一个最适合的礼物送给凤凰，桌子上面摆放着不同颜色——红（大）/蓝（中）/黄（小）的羽毛，请你们去选一根自己喜欢的羽毛，帮助小鸟送给凤凰吧。

(1) 幼儿选取自己喜欢的羽毛。

(2) 分享交流。

幼儿把羽毛送至与三只小鸟对应的框子中，并说明原因。

重点提问：你帮哪只小鸟选了礼物，为什么你帮大鸟选了这根羽毛？（因为它是红色的/因为它是最大的羽毛/我的羽毛是黄色的，小小的，所以给小小的黄色的小鸟/我的羽毛是蓝色的，不大也不小，要给蓝色的小鸟）

> 小结：红红的大鸟需要红色的、大大的羽毛；黄黄的小鸟需要黄色的、小小的羽毛；蓝蓝的中等大小的鸟需要蓝色的、不大不小的羽毛。

三、选择适宜的礼物盒——通过礼物盒进一步匹配大小和颜色

1. 教师在 PPT 中出示大中小三个礼物盒子的剪影图片

师：三只小鸟想将羽毛装在适合的礼品盒中，怎么装才最合适呢？（大的羽毛装在大的盒子中/小的羽毛装在小的盒子中/中等大小的羽毛就装在不大也不小的盒子中）

2. 给礼物盒匹配颜色

师：这个礼物盒黑漆漆的，配上什么颜色最好看、最合适，为什么？（大的礼物盒是红色的大鸟的，要用红色/小的用黄色的装饰/中间的礼物盒需要用蓝色装饰）

> 小结：根据三只鸟和羽毛的大小及颜色选择最适合的礼物盒，并给它们配上对应的颜色，真是太合适不过了！

结束语：感谢你们帮助小鸟找到了最适合的羽毛礼物，它们马上就要起飞将礼物送给凤凰了！

活动设计者：王晓莉（华东师范大学附属紫竹幼儿园）

活动五：快乐的小麻雀（偏健康领域）

活动目标：

1. 尝试从 15～30 厘米的高处往下跳，双手摆臂，双脚轻轻落地。

2. 与同伴一起参与"快乐小麻雀"游戏，体验集体游戏的快乐。

活动准备：

物质准备：高度不同的椅子或平衡凳若干（15～30 厘米），《小鸟飞》轻音乐。

经验准备：有小兔跳（双脚并拢跳）的经验。

活动过程：

一、热身活动——麻雀醒来了

师幼一起模仿小麻雀，边念儿歌《麻雀醒来了》边做动作（见附件）。

师：我们扮演小麻雀，一起唱一唱、动一动吧。

二、基本活动——快乐的小麻雀

教师准备高度不同的"小树"，幼儿自由选择和尝试，在运动中避免相互碰撞。

过渡：小麻雀已经长大啦，要学会自己飞了。这些椅子和平衡凳代表各种各样的小树，我们不仅要在树上站稳，还要能从小树上灵活地跳下来，你们去试一试吧。

1. 自主尝试

教师关注：动作1——两腿屈膝弯曲。

动作2——双手向后摆动。

动作3——脚尖先着地，双脚轻轻落地。

2. 交流分享

邀请个别幼儿示范，其他幼儿观察其腿部动作。

师：看看这只小麻雀是怎么跳的？（腿要弯一弯/两只脚要并拢/轻轻地跳下来）

　　小结：两腿弯曲手摆动，落地腿弯声音轻。

3. 再次尝试

教师边小结边鼓励幼儿多次尝试，勇敢地跳下来，过程中教师可巡回指导幼儿的动作。

4. 玩游戏"狐狸和小麻雀"

规则：小麻雀在树下活动，狐狸出现时会抓捕小麻雀，小麻雀"上树"能躲避狐狸抓捕，等狐狸离开时小麻雀可继续下树活动。

师：有一只狐狸喜欢吃小麻雀，小麻雀看到狐狸后怎么办？（我们可以躲到树上/在树上就安全了）

师：这是个好办法，只要身边有小树，我们就可以飞到小树上躲避狐狸，等狐狸走后，我们再轻轻跳下来找食吃。

教师扮演狐狸，提醒幼儿看到狐狸来了要赶快飞到"树上"去；轻轻跳下时，不要让狐狸听到。

教师关注：摆臂屈膝跳下，双脚轻轻落地。

三、放松整理

幼儿跟着教师一起听音乐，做律动《小鸟飞》，进行放松整理。

附儿歌：

> **麻雀醒来了**
>
> 麻雀醒来了，叽叽喳喳叫。
>
> 拍拍小翅膀，跳呀跳得高。
>
> 麻雀醒来了，叽叽喳喳叫。
>
> 见面点点头，相互问声好。
>
> 麻雀醒来了，叽叽喳喳叫。
>
> 理理花羽毛，转身把歌唱。
>
> 麻雀醒来了，叽叽喳喳叫。
>
> 弯腰踢踢腿，锻炼身体好。
>
> （注：儿歌来源于网络，但已修改调整）

活动设计者：王晓莉（华东师范大学附属紫竹幼儿园）

活动六：羽毛的秘密（偏科学领域——科常）

活动目标：

1. 仔细观察羽毛，在操作中发现羽毛的明显特征。

2. 喜欢探究，乐于猜测羽毛的秘密。

活动准备：

物质准备：各种鸟类羽毛，摸箱，思维导图（向幼儿呈现"羽毛的作用"），喷壶（装有适量的水），4个托盘（每个托盘中装有适量的羽毛），4份标签（用于收纳，放置托盘底部，如大、小、彩色和无色）。

经验准备：在日常生活中或去过动物园等地观察过鸟类。

活动过程：

一、摸一摸，猜一猜——激发兴趣

教师出示摸箱，请幼儿摸一摸，说一说，猜猜箱子里的是什么。

重点提问：仔细摸一摸，猜一猜你摸到的是什么？说说你的理由。（有点滑滑的/有点像公鸡的尾巴一样/小鸟的羽毛，毛茸茸的）

> 小结：没错，你们的小手真灵敏，凭着触觉就能猜出箱子里装的是羽毛。（教师一边小结，一边将箱子里的羽毛拿出来进行验证）

二、看一看，摸一摸——发现羽毛的小秘密

1. 教师出示准备好的4组羽毛

师：今天老师给你们准备了很多不同的羽毛，这些羽毛藏着小秘密，等待你们的发现哦。一会你们可以选择一组，仔细看看、摸摸这些羽毛。

2. 幼儿分组观察，教师巡回指导

教师鼓励幼儿说一说羽毛的颜色和形状。

3. 交流分享

重点提问：你看到的羽毛长得一样吗？它们有什么不一样？（羽毛不一样，颜色不太一样/有的羽毛大，有的羽毛小/羽毛的上面和下面长得也不一样）

> 小结：没错，不同的羽毛大小不同，有的大，有的小；颜色也不同，有白色的、黄色的、蓝色的……有的小朋友还发现同一根羽毛上面和下面的区别，小眼睛观察得非常仔细！

三、喷一喷，吹一吹——猜猜羽毛的作用

过渡：不同的羽毛大小、颜色都不一样，那羽毛有什么用呢？

1. 幼儿自主表达

2. 教师请幼儿往羽毛上喷水,然后摸一摸羽毛,猜测并验证羽毛是否被淋湿

3. 教师尝试让幼儿吹一吹羽毛,感受羽毛轻盈的特点

重点提问:大胆猜一猜,鸟的羽毛可能会有什么用呢?(下雨了,鸟儿的羽毛还可以当作雨衣/鸟的羽毛很轻,吹一下就飞起来了,能帮助小鸟飞上天空/冬天很冷,鸟的羽毛就是鸟儿的衣服)

教师根据幼儿的回答,用思维导图,呈现"羽毛的作用"。

> 小结:是的,羽毛很光滑,像极了"雨衣",轻轻的羽毛还能帮助小鸟飞上天空,天冷了也能起到保暖的作用。

4. 师幼共同整理羽毛

师:今天我们观察了很多羽毛,发现了不少羽毛的秘密,真不错!现在我们一起把羽毛送回家吧。(教师将盘子底部的标签放在盘子中,引导幼儿根据标签的内容收拾整理)

活动延伸:

通过绘本阅读及实地观察等途径,进一步探索羽毛的作用。(如雄孔雀的羽毛具有吸引异性、警示敌人等作用)

附思维导图:

图 1-1-5

活动设计者:汲克玲(华东师范大学附属紫竹幼儿园)

活动七：我的好朋友（偏社会领域）

活动目标：

1. 在说说、看看、猜猜、玩玩中感受同伴的特点。

2. 乐于参与找朋友游戏，在游戏中体验观察同伴的快乐。

活动准备：

物质准备：红色、绿色小屋（用于躲藏，见附件），《找朋友》音乐。

经验准备：和班级同伴有交流沟通的经验。

活动过程：

一、说说我的好朋友——激发兴趣，大胆表达

1. 教师出示《百鸟朝凤》绘本封面

师：小朋友们还记得这个故事里讲了什么吗？（凤凰帮助没有食物的小鸟/大家都很喜欢凤凰/鸟儿们最后都成为了好朋友）

2. 说说我的好朋友

师：是的，鸟儿们都成为了好朋友。那你有好朋友吗，你的好朋友是谁？你们平时会一起做哪些事情？（我的好朋友是×××/我也有好朋友，我的好朋友是××，我们住得很近/我的好朋友是××，我们经常一起玩游戏）

重点提问：找一找你的好朋友，仔细看一看，他（她）今天穿了什么？

> 小结：和小鸟一样，我们也有自己的好朋友，好朋友们会在一起做很多好玩的事情。你们观察到了今天有的好朋友穿了一件红色的外套，有的好朋友穿了一条牛仔裤，还有的好朋友扎了两个麻花辫……每个好朋友都有自己的特点。

二、猜猜我的朋友——根据特征，大胆猜测

游戏规则：教师通过儿歌提示幼儿，每一轮游戏前当教师说到"小身体趴趴好，小眼睛闭闭好"时，每位幼儿身体趴在小椅子上，并闭上眼睛。随后教师邀请一位或两位幼儿躲在红色或绿色的小屋中。躲在小屋中的幼儿站好，不能让其他幼儿看到，倒数 5 下后请其他幼儿猜测躲在小屋里的是谁。

1. 第一次游戏：根据座位猜测（建议先请一名幼儿躲在小屋中，便于其他幼儿通过第一轮游戏了解规则）

重点提问：猜猜谁不见了，为什么？（××不见了，刚刚他坐在我旁边，但是现在他不见了）

小结:没错,好朋友有时候会坐在我们旁边,我们通过座位就能发现哪位好朋友不见了。

2. 第二次游戏:根据声音猜测(邀请一名或两名幼儿均可,引导幼儿发现不同幼儿声音不同)

师:请和你的好朋友交换一下位置。(以下每次游戏前,教师先引导幼儿和同伴随机交换座位)

重点提问:我来问问小屋里的朋友一个问题,其他小朋友仔细听一听躲在红房子和绿房子里的究竟是谁呢?(我记得这是××的声音,我能听出来/绿房子里是××,因为是男生的声音)

小结:你们的小耳朵本领真大,靠说话的声音就能分辨出是谁。确实,每个朋友的声音都不一样。

3. 第三次游戏:根据服装、鞋子猜测

教师打开房子中的一扇门,请幼儿观察服装或鞋子。

重点提问:猜猜房子里的是哪位朋友,为什么?(是××,他的裤子是×色的/××的衣服上是有这样花纹的/××的鞋子是这样的)

小结:你们的小眼睛可真亮,看到衣服、裤子或鞋子就能猜出来里面躲着的是谁,做你们的朋友可真幸福。

4. 第四次游戏:根据身高、发型等进行猜测(两位幼儿躲避在小屋中,并背对其他幼儿)

重点提问:这两个朋友衣服很像,脸蛋又转过去了,到底是谁呢? 他们有什么不一样的地方吗?

小结:有的时候,好朋友之间可能会有相似的地方,别着急,仔细观察,看着看着我们就会发现,每个人都有自己独特的地方。

三、抱抱我的好朋友——感受友情,感受快乐

播放音乐《找朋友》。

师:今天的游戏玩得真是太开心了,你们能找到这么多的好朋友,老师也特别开心。

总结:原来每位朋友都是不一样的,不一样的朋友天天生活在一起,就变成了我们熟悉的好朋友。我们能通过看位置、听声音、看服装甚至发型等猜出他们是谁。真开心,你能被你的朋友找到,有朋友真是一件幸福的事。

附图片：

红色小屋

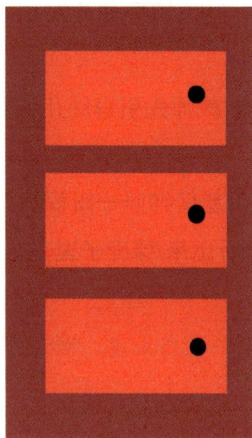

图 1-1-6

绿色小屋

图 1-1-7

活动设计者： 汲克玲（华东师范大学附属紫竹幼儿园）

绘本剧：《百鸟朝凤》

时间：很久很久以前

地点：茂密的大森林

人物：凤凰、孔雀、黄鹂、鹦鹉、喜鹊、麻雀、暗绿绣眼鸟、八哥、翠鸟、金鸡、火烈鸟等各种
鸟儿

【早晨，美妙的音乐声伴着鸟鸣声，一群各色各样的鸟儿在茂密的大森林中飞来飞
去，有的在寻找果子吃，有的在玩耍，骄傲的孔雀在梳理自己的漂亮羽毛。凤凰提
着小篮子上场。

凤凰：(欣喜)哇！阳光真温暖，空气真清新。(热情地与众鸟打招呼)嗨，你好！你们好！
我是凤凰。我要多收集一些果实藏在山洞里。

暗绿绣眼鸟：森林里有那么多果实，还不够自己吃吗？为什么还要储存那么多？

麻雀：是呀，存这么多食物，早晚要坏掉，到头来还不是白忙一场。

喜鹊：藏果子干嘛？我还是去唱我的歌啰！

孔雀：所以啊，乘天气好我们还是尽情玩吧，来来来，跟着我跳起来。

【孔雀带众鸟翩翩起舞，并在舞台中不停地嬉戏打闹，凤凰无奈地摇摇头，自顾自地
把捡来的干果、草籽一趟又一趟放到山洞口储存起来，累得满头大汗。

凤凰：(把食物放入洞内后遮挡好洞口舒了口气)这个洞里还可以存很多食物，我还要再
去收集一些果实。

【音乐中大屏幕滚动，季节由春进入夏，久旱，树枯，地干裂。舞台中饿得头昏眼花
的鸟儿们挣扎着寻找食物吃，有的为了一点点食物互相争夺，有的饿得倒地。凤凰
上场一边飞一边大声喊。

凤凰：朋友们，快去我的山洞吧，那儿有吃的。

众鸟：(吃惊)这时怎么会有吃的呢？

凤凰：(打开洞口，搬出食物)吃吧，吃吧，这都是我在春天时储存起来的。

黄鹂：凤凰，谢谢你救了我的命。我的兄弟姐妹好多都饿死了，太可怜了。(哭)

鹦鹉：是啊，那时我们只顾贪玩，还笑话你，多亏你勤劳收集这么多果实，要不然我们都会
饿死。

凤凰：(害羞)千万别这么说，我们是好朋友，好朋友就要互相帮助。(凤凰大方地把食物

拿给众鸟吃,众鸟开心地向凤凰道谢。突然,紧张的音乐起,屏幕上出现森林起火)

麻雀:(惊慌指着)啊,不好了,着火了!着火了!

众鸟:(吓得四处飞窜)快逃啊!快逃啊!(一部分鸟下场,麻雀飞得慢被火包围,挣扎着)

凤凰:我来救你!

金鸡:(阻拦)凤凰,不行啊,这太危险!(凤凰与火焰搏斗救出麻雀,凤凰被火包围烧掉羽毛,消失)

火烈鸟:小麻雀,刚才太危险了,你没受伤吧?

翠鸟:是呀,多亏了凤凰救你!咦,凤凰呢?

麻雀、火烈鸟、翠鸟:(呼喊)凤凰!凤凰!【三只鸟左下场。被烧的灰凤凰右上场。

灰凤凰:(哭腔)可恶的大火!把我漂亮的羽毛全烧了,身上火辣辣的痛,怎么办啊!呜呜……(听见有声响马上躲起来)

麻雀:(一只左飞上)

喜鹊、火烈鸟:(两只左飞上)

黄鹂、翠鸟、金鸡:(三只左飞上)

八哥、孔雀、暗绿绣眼鸟、鹦鹉:(四只左飞上)

无名鸟:(一只左飞上)你们要去干吗呀?

暗绿绣眼鸟:(着急)我们要去看凤凰。

翠鸟:凤凰的羽毛绚烂无比,为救麻雀被大火烧掉了羽毛,一定很伤心。

喜鹊:听说凤凰受了伤,它的鸣叫充满了悲伤。

鹦鹉:凤凰是我的救命恩人,我们以前总是嘲笑它傻,太不应该了。

麻雀:现在凤凰一定很难过,我们一定要帮助它。

孔雀:这样吧,我们从自己身上选一根最漂亮的羽毛,做一件百羽衣送给凤凰,怎么样?

火烈鸟:这个办法好,我们什么都没有,只有这身羽毛了。

　　　【音乐中众鸟拿下身上最漂亮的羽毛,投向树丛,凤凰身着百羽衣出现,众鸟惊喜,奔过去簇拥着美丽的凤凰走向台中。

黄鹂:凤凰,你在旱灾时救了我们,谢谢你!

麻雀:凤凰,你在火灾时救了我们,谢谢你!

孔雀:凤凰,你是森林中最美的鸟中之王!

众鸟:凤凰,百鸟之王,当之无愧!(十鸟围着凤凰造型)

剧终

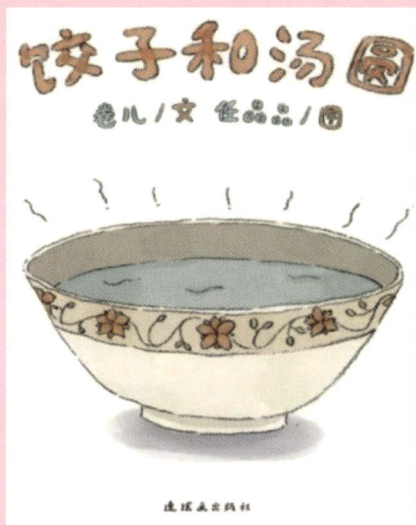

图 1-2-1

绘本 2:
《饺子和汤圆》

作　者：卷儿/文，任晶晶/图

出版社：连环画出版社

相关信息：《饺子和汤圆》获 2016 年首届张乐平绘本奖入围奖，是 2017 年"少年中国"图画书推优作品，是 2017 年度蒲蒲兰绘本月刊《萌》受读者欢迎绘本。

一、绘本赏析

《饺子和汤圆》是一本"色香味俱全"的绘本，立足中国人的舌尖记忆，从孩子喜爱的食物入手，介绍两种分别具有南方和北方特色的中华传统美食。通过童趣的形象和文字，以及巧妙的幽默调侃，让当代这些沉浸在西式料理中的孩子，重新认识和爱上祖先们最喜爱的美食。

我国自古便有"南汤圆，北饺子"的俗语，饺子和汤圆不只是美食，还承载着节日的美好祝愿，是南北方离不开的文化符号。大人们"身经百节"自然理解南北方地域、风俗、饮食上的差异，但是如何帮助认知及经历尚少的幼儿丰富对饺子和汤圆的认识呢？这本绘本或许能帮助我们。

这本绘本曾获得第一届张乐平绘本奖入围奖，并入选第五届"少年中国"图画书推优作品。一拿到绘本，封面的大碗便映入眼帘，装满热气腾腾的汤，这里面是汤圆还是饺子呢？作者给我们设置了一个悬念。而封底一对胖乎乎的好朋友饺子和汤圆正在嬉戏，俨然一对白胖小孩。前环衬和后环衬是大红色背景下神态各异的汤圆和饺子在给大小读者朋友们拜年，一派节日的喜庆气氛。

当我们还在纠结到底是吃饺子还是吃汤圆的时候，这两个好朋友已经高高兴兴地跑出去玩了，它们有时会玩角色扮演游戏：饺子踩着筷子当高跷笑嘻嘻地走过来，一旁的"汤圆士兵"也不甘示弱，坐在"勺子坦克"里面发起进攻；有时也会玩玩滑梯：你看，滑溜溜的饺子顺利地滑下滑梯，黏糊糊的小汤圆却不那么顺利了；它们有时也会做家务：怕热的饺子把衣服撑薄了,怕冷的汤圆也把自己的厚衣服拿出来晒一晒;饺子很爱美,一直戴着妈妈送给它的发箍,汤圆则被它的大懒虫爸爸剃了一个大光头;饺子是一位在饮食上注意营养均衡的小朋友,而汤圆却喜欢吃各种各样的糖;接着饺子介绍了自己的爱好和特长,它一会儿躺在辣椒油里说自己喜欢在这里打滚,一会儿又站在炮竹围绕的站台上,拿着火柴做成的话筒说:"我喜欢在春节的时候一展歌喉。"而汤圆则一会儿趴在勺子做成的床上,打着呼噜说:"自己喜欢在这里打盹",一会儿又抱着自己的小红灯笼,呆呆萌萌地抬着头,憧憬着说:"我最喜欢在元宵节的时候挂起灯笼。"它们就像两位要好的小朋友,你一言,我一语,用游戏的方式向小读者们说明了这两种食物是用什么餐具食用,有什么外型、什么质地,何种吃法,里面的馅料是什么以及它们的登场节日是什么等等,符合小朋友的审美趣味,又扩展了他们的知识和经验。

饺子和汤圆就像大多数好朋友那样,它们既有很多不同点,又有很多相同点,这也体现了我们文化中的"和而不同"的思想,它们都爱泡澡,也都很调皮,在玩玩闹闹的过程中让幼儿体会到朋友的珍贵,而结尾处饺子摘下发箍和汤圆一起泡澡,给小读者们留下了想象的空间,到底哪个是汤圆哪个是饺子呢? 同时饺子和汤圆作为两种食物虽然代表的地域和饮食文化不同,但"团圆"的寓意却是相同的,不管身在何处,只要吃上一碗热腾腾的饺子或者汤圆,家的味道便会随着热气扑面而来。作者在内容设计上独具匠心,生动形象,它们没有绚丽夺目的外表,却装满了家的朴实。值得一提的是饺子的面皮被设计成一个发箍,戴上就是饺子,而在结尾处泡澡时,饺子摘下发箍洗头,便成了一个胖胖的面团,往往容易让注重细节的幼儿捧腹大笑。书中内文设计按照两拍子的结构展开,像两个好朋友,你一言我一语,向读者介绍自己。这样的内容设计和叙事节奏,特别容易激发小朋友的阅读兴趣。

童言童语童趣,好吃好玩好看,传统也可以很现代,美食也可以很可爱。《饺子和汤圆》是一本"可吃性"颇佳的绘本。立足于中国人的味觉记忆,作者将这两种广为人知的食物,立体、动态、谐趣地呈现在我们面前,用生动可爱的形象演绎传统美食文化。《饺子与汤圆》让孩子们爱上美味的食物的同时,也感知中国传统食物背后的家文化。

二、《饺子和汤圆》主题活动设计

《饺子和汤圆》主题活动设计意图:

饺子是一种历史悠久的民间美食,吃饺子也是中国人在春节时特有的民俗传统。汤圆,别称"元宵""汤团",是中国传统小吃的代表之一,同时也是元宵节最具有特色的食物,历史十分悠久。

快要过年了,让我们认识一下饺子和汤圆这对好朋友吧。它们有很多不同特点,比如:一个皮肤滑滑的,一个皮肤黏黏的;一个穿得薄薄的,一个裹得厚厚的;一个戴发箍,一个大光头;一个喜欢吃肉和菜,一个喜欢吃甜食……作者把饺子和汤圆拟人化,从两者的外形、名称、外皮厚薄、内馅、节日等方面进行对比,阐述了它们之间的区别。虽然它们有很多地方不一样,但是它们有

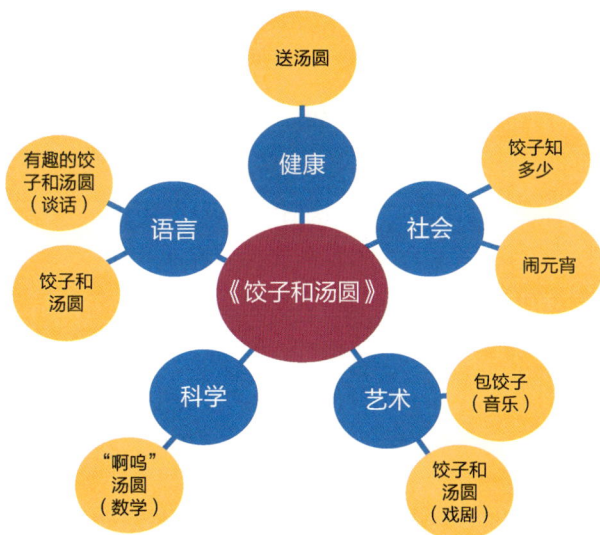

图 1-2-2

一个共同点,在绘本《饺子和汤圆》中,作者从食用方法等角度说明了两者的相同之处。《饺子和汤圆》插图内容生动形象,角色则采用拟人的形式呈现,简洁明了,孩子们一看就明白,这样有趣的内容,非常容易激发幼儿的阅读兴趣,让幼儿在欢笑声中不知不觉地了解了中国传统美食,了解了中国文化。

活动一:饺子和汤圆(偏语言领域)。理解绘本内容是幼儿开展后续活动的基础,本次活动,教师将通过引导幼儿对比了解饺子和汤圆的异同,来帮助幼儿阅读绘本、理解故事内容,并通过有趣的活动呈现,引导幼儿了解饺子和汤圆两种中国传统美食。

活动二:"啊呜"汤圆(偏科学领域——数学)。孩子们都有吃汤圆的经验,本次活动,教师将借助此情境,结合小班幼儿年龄特征,和幼儿们一起开展手口一致点数的活动,活动中幼儿能根据数量匹配同样多的物体,同时能初步感受玩做客游戏的快乐,学习招待小客人。

活动三:闹元宵(偏社会领域)。小班幼儿的学习方式是从直接感知中获得,因此本活动教师将通过包元宵、猜灯谜等体验式活动帮助幼儿了解元宵节的来历和风俗,引导幼儿知道元宵节是中国特有的节日。本次活动我们也将邀请哥哥姐姐一起包元宵,体会大家一起过节的快乐。

活动四:包饺子(偏艺术领域——音乐)。歌曲《包饺子》是一首 4/4 拍的欢快歌曲,歌词简单贴近生活,旋律优美朗朗上口,篇幅不长,适合小班幼儿歌唱。为了让幼儿感受歌曲"短短长"的节奏特点,教师将分三个环节循循善诱,步步深入,帮助幼儿在熟悉节奏的基础上尝试演唱。

活动五:送汤圆(偏健康领域)。小班幼儿活泼好动,"送汤圆"正是一节符合幼儿年龄特点的运动活动。结合小班幼儿发展需求,本次活动教师设置了动物朋友也想吃汤圆的游戏情境,引导幼儿沿着不同的路线给动物朋友送汤圆,幼儿在活动中能通过走直线、折线、曲线发展平衡能力。

活动六：饺子知多少(偏社会领域)。绘本里的饺子形象太可爱了,这样白胖白胖的样子深受幼儿喜欢。很多地方的过年习俗是吃饺子,饺子的肚子里不仅装了各种好吃的食物:肉、菜、海鲜……还装了很特别的东西:钱币、红枣……过年的时候全家一起吃饺子不仅是因为喜欢饺子的美味,更是寄托对来年的美好期盼。在本次活动中,幼儿不仅能了解吃饺子的传统文化,还能动手包饺子,亲子放入表示"吉祥如意"的物品,深入理解过年的含义。

活动七：有趣的饺子和汤圆(偏语言领域)。上述一系列活动开展后,幼儿关于饺子和汤圆的经验变得更为丰富,基于幼儿对饺子和汤圆经验的积累,教师将再从饺子和汤圆出发,开展本次谈话活动。活动中教师将围绕饺子和汤圆的异同,鼓励幼儿大胆表述自己的观点,在聊聊说说中,进一步丰富幼儿对饺子和汤圆的认知,帮助幼儿感受与同伴交谈的乐趣。

活动一：饺子和汤圆(偏语言领域)

活动目标：

1. 理解故事内容,了解饺子和汤圆各自的特点。

2. 对阅读活动感兴趣,初步培养良好的阅读习惯和行为。

活动准备：

物质准备：教学 PPT,幼儿人手一本绘本,饺子和汤圆若干。

经验准备：有自主阅读绘本的经验。

活动过程：

一、导入——看看说说

1. 教师出示饺子和汤圆剪影图片,请幼儿观察、猜测

重点提问：今天来了两位好朋友,猜猜它们是谁? 为什么? (葡萄,葡萄圆圆的/西红柿也圆圆的)

师：根据圆圆的形状猜是葡萄或西红柿,有可能哦!

师：旁边的朋友长什么样子? 猜猜它是谁? (是小山坡吧)

师：我们一起说"朋友朋友快出来",把它请出来吧!

2. 教师出示饺子和汤圆的图片(覆盖在剪影上)

师：哈,认识它们吗,是谁呀? (圆圆的汤圆/这个是饺子,妈妈给我吃过饺子)

师：你们喜欢吃饺子和汤圆吗? 它们是什么味道? (饺子里面有肉,咸咸的,也有菜/汤圆甜甜的/汤圆里面有芝麻)

小结：元宵节到了，饺子和汤圆来和我们一起庆祝节日呢！

二、阅读——我们很可爱

过渡：饺子和汤圆真可爱，它们之间还发生了很多有趣的事情呢，我们一起来看一看！

1. 师生一起阅读封面

重点提问：你看到封面上有什么？（有饺子和汤圆/有字）

过渡：封面上藏着很多的秘密，告诉了我们这本书的名字。一起来看看这本书里讲了哪些和饺子、汤圆有关的事情吧！

2. 自主阅读绘本前半部分（至"虽然我们有很多不一样"一页）

师：饺子是怎么样的，汤圆是怎么样的，去绘本中找一找吧？（带着问题，引导幼儿自主阅读）

幼儿自主阅读绘本，教师关注：

（1）幼儿的坐姿。

（2）翻阅图书的习惯（引导幼儿逐页翻阅）。

（3）阅读完成后收拾整理绘本。

3. 交流分享

重点提问：发现饺子和汤圆各自的秘密了吗，它们有什么不一样？（饺子是弯弯的，汤圆是圆圆的）

师：很棒哦，找到了形状的秘密，饺子是弯弯的，像半圆形；汤圆是圆圆的！（饺子能滑滑梯，汤圆不会）

师：你发现了一个了不起的秘密，饺子和汤圆的"皮肤"是不一样的，饺子皮滑滑的，所以从滑梯上一下子就滑下去了；汤圆的皮黏黏的，所以它不会玩滑梯。

师：饺子和汤圆还有不一样的地方吗？（它们把衣服脱掉了）

追问：是这一页吗？仔细观察，它们的衣服一样吗？（不一样，一个衣服是厚厚的，一个衣服薄薄的）

师：真是一个大发现，饺子的衣服薄薄的，汤圆的衣服厚厚的！

师：那除了外面形状不一样，里面一样吗？（不一样的，饺子吃菜和肉/汤圆喜欢吃糖）

师：你们发现了很多不一样的秘密！还有吗？看看这一页发生了什么？（有很多鞭炮/有灯笼）

师：看来饺子和汤圆还有一个不一样的地方，饺子喜欢在过年放鞭炮的时候出来；汤圆喜欢在元宵挂灯笼的时候出来哦！

教师根据幼儿回应，播放相应 PPT 绘本图片，以便全班幼儿交流分享，同时通过饺子和汤圆圆圈图进行梳理小结（可参考附件）。

小结：原来，汤圆圆圆的，喜欢穿厚厚的衣服，它黏黏的，不会滑滑梯，还很喜欢吃糖，它喜欢在元宵的时候出现；饺子弯弯的，半圆形，喜欢穿薄薄的衣服，皮肤滑滑的，非常喜欢玩滑梯，而且还很喜欢吃肉和菜呢，它喜欢在过年的时候出现！

三、品尝——吃起来

品尝饺子和汤圆。

过渡：哇，饺子和汤圆有这么多不一样的地方，你们想不想闭上眼睛尝尝看，通过味道来看看你吃的究竟是汤圆还是饺子？

师：你吃的是饺子还是汤圆，你是怎么知道的？（我吃的是汤圆，因为汤圆是甜甜的/我吃的是饺子，它不圆/我吃的是汤圆，尝起来黏糊糊的）

从"吃"的环节切入，符合小班幼儿的年龄特点，帮助幼儿进一步理解绘本内容，感知饺子和汤圆的各自特点。

活动延伸：

1. 集体阅读绘本后半部分，了解饺子与汤圆的共同之处。

2. 将绘本投放至区域中，引导幼儿完整阅读。

附图片：

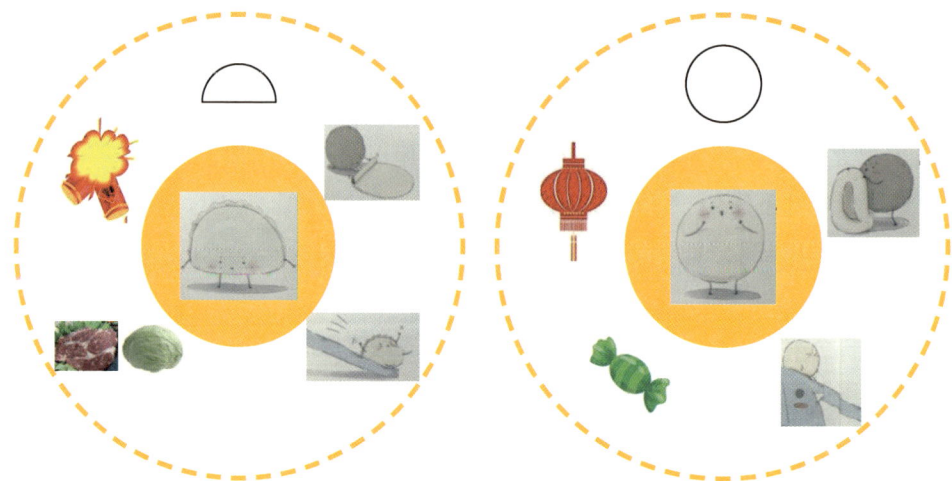

图1-2-3

活动设计者：王晓莉（华东师范大学附属紫竹幼儿园）

活动二:"啊呜"汤圆(偏科学领域——数学)

活动目标:

1. 能手口一致点数 5 以内的数,并能根据数量匹配同样多的物体。

2. 初步感受做客游戏的乐趣,学习招待小客人。

活动准备:

物质准备:教学 PPT、汤圆仿真玩具若干、盘子若干。

经验准备:有初步的点数经验和等量匹配的经验。

活动过程:

一、设置情境,激发兴趣

教师播放 PPT,依次出示小猫和汤圆的图片。

师:元宵节到啦,小猫邀请了好朋友来做客! 你们猜一猜,它准备了什么好吃的呢?

(是小鱼吧/是汤圆)

　　小结:元宵节到了,小猫准备了好吃的汤圆招待客人呢!

二、给客人准备食物,根据数量匹配同样多的食物

过渡:小猫邀请小狗来做客,可是招待小狗的食物还没有准备好,我们一起来帮小猫准

备吧。

1. 小狗来做客

教师出示小狗图片,引导幼儿点数小狗的数量。

重点提问:来了几只小狗? 我们一起来数一数! (1、2、3、4、5,有 5 只小狗)

　　小结:数的时候点一下数一个,不多数,也不漏数,一共来了 5 只小狗。(每次数到

　　总数的时候,教师可以用手在空中画一个"圆圈",以表示"总数")

2. 给小狗送餐具

重点提问:小猫应该为它们准备几个盘子呢,为什么? (5 个,小狗 5 只,所以盘子应准

备 5 个)

教师出示餐具图片,和小狗一一对应,帮助幼儿理解按数取物。

　　小结:来了 5 只小狗,每只小狗需要一个盘子,所以我们准备 5 个盘子。

3. 给小狗送汤圆

教师出示实物纸盘,盘中分别贴有 3、4、5 个点子,请幼儿尝试按照盘子中的点数取物。

重点提问:我带来了一些盘子,你们发现盘子上的秘密了吗? (盘子上有 3 个点子/我盘

子中有很多点子)

师：点一下数一个，数一数有几个？（1、2、3、4、5，一共有 5 个）

师：等会我们要根据盘子中的点数去取汤圆，5 个点子的盘子里面放几个汤圆呢？（5 个）

> 小结：不同的盘子上有不同数量的点，我们能根据点的数量去取拿汤圆。

4. 幼儿根据盘子上的点进行操作

（1）了解操作内容和规则，能分别按照点数和数字取拿相应数量的汤圆。

师：小猫家来了好朋友，需要我们按照盘子里的数量，取出与点子数目同样多的汤圆来招待客人。

（2）幼儿操作，教师观察指导。

教师关注：鼓励幼儿边操作边用语言表达自己的操作过程和操作结果，如"盘子上有 5 个点，我摆上 5 个汤圆""盘子上有数字 5，我摆 5 个汤圆"。

三、交流分享并验证，体验招待客人的快乐

重点提问：你们盘子中都有几个点，取了几个汤圆呀？（我取了 5 个汤圆）

师：有 5 个汤圆的小朋友可以站起来，我们相互之间数一数！

师：准备好了吗，张开你们的大嘴巴，"啊呜"！一口一个，我们一起把盘子中的汤圆吃掉！（啊呜，啊呜……）

师：啊呜、啊呜、啊呜、啊呜、啊呜，正好 5 下，吃得不多也不少，肚子饱饱的！

师幼共同验证答案，可根据不同数量分批验证。及时肯定在操作中认真细致的幼儿，引导幼儿在相互检查中逐步养成验证的好习惯。

活动设计者：王晓莉（华东师范大学附属紫竹幼儿园）

活动三：闹元宵（偏社会领域）

活动目标：

1. 了解元宵节的来历和风俗，知道元宵节是中国特有的节日。

2. 和哥哥姐姐一起包元宵，体验大家一起过节的快乐。

活动准备：

物质准备：教学 PPT、人手一盏花灯，制作元宵的食材——面团、豆沙等。

经验准备：有阅读绘本《饺子和汤圆》的经验，并邀请大班哥哥姐姐参加。

活动过程：

一、元宵节

1. 回顾并交流闹元宵的活动

师：今天幼儿园真热闹，你们知道今天是什么节日吗？（要过年了/春节到了/是元宵节）

小结：今天是正月十五，是我国的传统节日——元宵节。

2. 聊聊元宵节的来历和民俗

重点提问：元宵节这天人们都会做些什么？（吃汤圆/看花灯，我把花灯带来了/要一起吃饭）

从幼儿的生活经验出发，调动幼儿已有经验，并鼓励幼儿用完整的语言进行表达。

教师播放 PPT 图片，出示吃元宵、赏花灯、猜灯谜等内容。

师：看看元宵节这天，大家都喜欢做什么？（大家喜欢猜灯谜/人们喜欢看花灯）

小结：元宵节是中国特有的节日，元宵节这天，人们会与家人团聚，包元宵、吃元宵、赏花灯、猜灯谜。

二、包元宵

1. 观摩演示——大班哥哥姐姐演示用和好的面团做小元宵的方法

师：今天我们邀请了好几位哥哥姐姐来到我们班，和我们一起制作"元宵"。

师：哥哥姐姐是怎样把面团搓成圆圆的元宵？（放在手上/要搓一搓）

小结：拿个面团放手心，手掌相对搓一搓；转一转画圈圈（手掌），元宵元宵快出来！

2. 动手体验，尝试制作

准备：洗净双手。

指导要点：手掌摊平，引导幼儿将面团放于手掌中搓，鼓励幼儿搓圆。

小结：手掌摊平搓一搓，元宵元宵圆又圆！

重点提问：有了圆圆的小汤圆，怎样把豆沙馅儿包在面皮里面呢？

小结：圆圆汤圆压压扁，放入馅儿包一包，手掌摊平再搓搓，元宵元宵变更圆！

三、猜灯谜

过渡：元宵节除了制作元宵，也少不了看花灯，猜灯谜！

师：谁愿意上来分享一下自己的灯谜？让其他小朋友和哥哥姐姐们猜一猜！

哥哥姐姐和弟弟妹妹赏花灯，猜灯谜。

附灯谜：

1. 丁零零，丁零零，一头说话一头听。俩人不见面，说话听得清。（电话、手机）

2. 十个客人十间屋，冷了进去暖了出。(手套)

3. 四四方方一块布，嘴和鼻子都盖住，两根带子耳上挂，不怕风沙不怕土。(口罩)

4. 小小两只船，没桨又没帆，白天带它到处走，黑夜停在床跟前。(鞋子)

5. 五个兄弟，住在一起，名字不同，高矮不同。（手指）

6. 扑通扑通跳，唱歌呱呱叫，田里捉害虫，丰收立功劳。（青蛙）

7. 耳朵像蒲扇,身子像小山,鼻子长又长,帮人把活干。(大象)

8. 这个动物真奇怪,肚皮下面长口袋,孩子袋里吃和睡,跑得不快跳得快。(袋鼠)

9. 八只脚,横着走,嘴里常常吐泡沫。(螃蟹)

10. 一只小鸟真漂亮,红色嘴巴绿衣裳,张嘴就爱学人话,你说啥来它说啥。(鹦鹉)

活动设计者:王晓莉(华东师范大学附属紫竹幼儿园)

活动四:包饺子(偏艺术领域——音乐)

活动目标:

1. 熟悉歌词内容,学唱歌曲《包饺子》。

2. 在节奏游戏中体验包饺子的快乐。

活动准备:

物质准备:教学 PPT(春节习俗),与歌词相对应的图片若干(如擀面杖、饺子、饺子皮等),《包饺子》部分旋律,展示板(用于呈现图片内容),钢琴,乐器"圆舞板"。

经验准备:见过家里人包饺子;对春节习俗有一定的了解。

活动过程:

一、节奏游戏——春节习俗

1. 说说春节的习俗

师:春节快到了,你们知道春节都有哪些习俗吗?(春节我们会放烟花/春节能拿到压岁钱/我们家里会贴窗花)

教师通过| × × × ○ |的节奏进行回应,如放烟花、压岁钱、去做客……

师:看看,哪些习俗你们说到了,哪些还没有说到?

出示 PPT 内容帮助幼儿拓展相关经验。(包饺子、贴窗花、挂灯笼、放鞭炮……)

2. 春节习俗节奏接龙

规则:播放《包饺子》旋律音乐作为背景,幼儿选择一个自己最喜欢的春节习俗,依次通过| × × × ○ |的节奏进行接龙。

师:选择一个你最喜欢的春节习俗放在心里,我们跟着音乐一个一个轮流说。(教师用"圆舞板"拍打节奏进行引导)

二、熟悉歌词、感受旋律

1. 完整倾听歌曲

过渡:了解了很多春节的习俗,其中有一个习俗你们肯定都知道——包饺子,今天我带来了一首歌曲《包饺子》,我们一起来听一听。

2. 交流歌词内容

重点提问:歌曲唱完了,你们听到了什么?(听到了包饺子)

师:你们看过家里人包饺子吗,饺子怎么包?(我看过包饺子,需要把肉包在饺子皮里面)

教师通过清唱的方式回应幼儿:饺子馅,鲜又香。

师:除了包饺子,歌曲中还唱到了什么?(要用饺子皮来包饺子/我们家的饺子皮是自己擀的)

师:你们听得很仔细,饺子皮有买的,也有自己擀的。擀饺子皮的工具叫作"擀面杖",我们拿一个擀面杖,一起唱一唱、擀一擀面片吧!(教师在半空中伸手握拳,和幼儿一同模拟擀面片)

出示擀面杖以及擀面片的图片,继续通过清唱的方式回应幼儿:擀面杖、长又长;擀面片,包馅馅。

此环节可请幼儿多次倾听音乐,教师通过做动作、呈现歌词图片、清唱等方式引导幼儿回顾歌词包饺子的过程,帮助幼儿熟悉旋律及歌词内容。

> 小结:原来,包饺子需要擀面杖来帮忙,还需要馅儿、饺子皮等食材,最后煮一煮,才能找到又鲜又香的饺子。

3. 制作图谱、尝试学唱

师:包饺子的音乐我们已经慢慢熟悉了,让我们一起听着音乐并根据歌词的顺序摆一摆展示板上的图片吧!

教师循环播放歌曲,邀请幼儿验证相应图片的摆放顺序,逐步完成图谱制作。

师:看着图谱,跟着钢琴,我们一起来试着唱一唱。

尝试学唱歌曲。(3～4遍)

三、尝试表演、巩固歌唱

师:包饺子真是一件有趣的事情,我们一起找到空的地方来唱一唱、演一演包饺子的过程吧。

鼓励幼儿用不同的动作表演歌曲相关的内容,进一步巩固歌唱。

活动延伸:

1. 尝试用拍手等简单的动作拍打节奏,进一步熟悉、巩固歌曲。

2. 在家或在园体验包饺子的过程。

附歌曲：

包饺子

1= C 4/4   作曲：牛煜雯

♩= 100   作词：范修奎

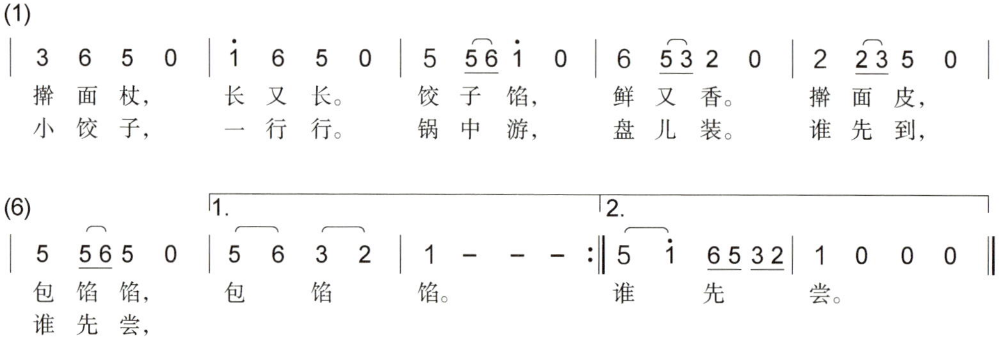

(1)

| 3 6 5 0 | i 6 5 0 | 5 5̂6 i 0 | 6 5̂3 2 0 | 2 2̂3 5 0 |

擀 面 杖，　　长 又 长。　　饺 子 馅，　　鲜 又 香。　　擀 面 皮，

小 饺 子，　　一 行 行。　　锅 中 游，　　盘 儿 装。　　谁 先 到，

(6)

| 5 5̂6 5 0 | 5 6 3 2 | 1 - - - ‖ 1. | 5 i 6̂5 3 2 | 1 0 0 0 ‖ 2. |

包 馅 馅，　　包 馅 馅。　　谁 先 尝。

谁 先 尝，

图 1-2-4

（注：音乐素材来源于网络）

活动设计者：白翎(华东师范大学附属紫竹幼儿园)

活动五：送汤圆(偏健康领域)

活动目标：

1. 能沿着直线、折线、曲线行走，保持身体平衡。

2. 尝试按照要求送"汤圆"，体验游戏的快乐。

活动准备：

场地布置(见附件)，即时贴(贴成直线、折线、曲线的道路)，白色乒乓球若干(当作汤圆使用)，幼儿用勺子人手一个(用于盛"汤圆")，数字任务卡片若干(见附件)，小鸭、公鸡、大象立牌各一个。

活动过程：

一、热身活动——模仿小动物

1. 教师带领幼儿一起扮演小鸭、公鸡、大象等动物

导入：今天我们来扮演小动物，一起学学它们的动作吧！

师：先扮演小鸭子吧,小鸭子是怎么走路的?(摇摇摆摆走路)

教师边唱童谣边做动作,和幼儿一同活动身体:小鸭小鸭学走路、摇摇摆摆向前进(摇摆身体前行);公鸡公鸡喔喔叫、单脚站立本领高(单脚站立不同时间);扮演大象试一试、长长的鼻子转圈圈(原地转圈若干次)。

2. 重复小鸭、公鸡、大象等动作,达到趣味热身的效果

二、基本活动——送汤圆

过渡:元宵节到了,有三只动物朋友也想尝尝"汤圆"的味道,让我们一起用勺子给它们送汤圆吧。

(一) 尝试通过直线运送汤圆(于场地布置"虚线区域"进行活动)

1. 创设情境,交代任务

师:小鸭、公鸡、大象等不及了,把汤圆盛在勺子中,快给小动物送汤圆吧,注意踩着直线运送,来回路上汤圆不要掉了哦!

2. 尝试运汤圆

3. 分享交流

重点提问:你们是怎么把汤圆稳稳地送给三只动物朋友的?(慢慢走/勺子要拿稳/不能左看右看,要看着路)

邀请个别幼儿示范,其他幼儿观察其身体动作。

小结:手上的勺子要端稳,踩着直线往前走,身体放松走得稳。

4. 再次尝试送汤圆

(二) 尝试通过直线、折线、曲线运送汤圆(于场地布置"全部区域"进行活动)

1. 介绍规则

过渡:刚才的汤圆运送完了(撤去"虚线区域"中装有"汤圆"的框子),但更远的地方还有更多的汤圆,选取一张任务卡,每次喂送一个汤圆,数数(看看)任务卡上的数字,看看这位动物朋友需要吃多少个汤圆?

2. 幼儿选取任务卡,自主选择路线,根据要求运送汤圆

3. 交流分享

重点提问:怎么样走得又快又稳?(沿着路走/小手要端平)

小结:两臂自然侧平举,手端平,保持身体平衡。

4. 选取不同任务卡,尝试若干次

三、放松活动

1. 扮演三只小动物做放松活动(如:小鸭——摆摆身体抖一抖;公鸡——雄赳赳气昂昂往前走;大象——前后甩甩手臂踢踢腿等)

2. 师幼共同收拾整理器械

活动延伸:

能在 15～20 厘米高的轮胎或竹梯上走,保持身体平衡。

附场地布置图:

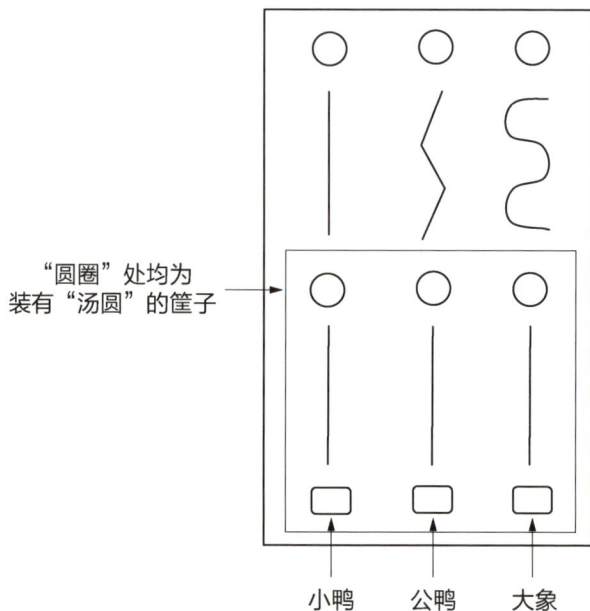

"圆圈"处均为
装有"汤圆"的筐子 ⟶

小鸭　　公鸭　　大象

图 1-2-5

附任务卡片(可参考):

图 1-2-6

活动设计者:白翎(华东师范大学附属紫竹幼儿园)

活动六：饺子知多少（偏社会领域）

活动目标：

1. 初步了解有关饺子的传统文化。
2. 喜欢包饺子，在包饺子的过程中感受新年的欢乐气氛。

活动准备：

物质准备：教学 PPT，包饺子步骤图，饺子皮、饺子馅儿若干，钱币等表示"吉祥如意"的物品（使用钱币时注意安全），桌布、保鲜袋若干。

经验准备：在日常生活中有"吃饺子"的经验。

活动过程：

一、谜语导入，激发幼儿兴趣

导入：今天老师给你们带来了一个谜语，仔细听，猜猜谜底是什么？

师：长得像群大白鹅，扑通扑通跳下河，咕噜咕噜煮一煮，装到盘中端上桌。（是大白鹅/是好吃的东西/是小饺子）

> 小结：没错，是饺子。饺子白白胖胖的，下锅的时候就像大白鹅跳进了河里，咕噜咕噜在锅子里面煮一煮，煮好了会装到盘子中，所以谜底就是大家爱吃的饺子。

二、萌娃"说"饺子，了解饺子的小秘密

1. 饺子肚子里的小秘密

重点提问：你们吃过饺子吗？ 饺子的肚子里有什么？（我吃过饺子，饺子肚子里有菜/我也吃过，饺子的肚子里面有肉/我还吃过有虾的饺子）

> 小结：嗯，饺子肚子里的食材非常丰富，有肉有菜还有虾，非常美味。

师：饺子的肚子里除了有菜有肉有虾，有时候也会放一些很特别的东西。

教师出示包有钱币、糖果等的饺子图片。

重点提问：猜一猜饺子里为什么要包钱币、糖果呢？（因为要让饺子更好吃/我吃过有钱币的饺子，妈妈说吃到有钱币的饺子明年会很幸运、很健康）

> 小结：是的，饺子里面有时会放钱币、糖果等，这些特别的东西都表达了人们对生活的美好愿望。

2. 了解什么时候吃饺子

重点提问：你们是什么时候吃饺子的？（我是过年的时候吃的/我前几天吃的/我喜欢吃饺子，我们家经常吃饺子）

> 小结：在以前只有过年等重要的日子才会吃饺子，但是现在我们能经常吃到饺子，

饺子也慢慢变成了一种常见的食物。

三、过大年,包饺子,感受欢乐的氛围

过渡:你们发现了这么多饺子的秘密,快要过新年了,想不想试试包饺子呢?

1. 教师出示"包饺子"步骤图

2. 幼儿尝试包饺子,教师巡回指导,将钱币等表示"吉祥如意"的物品包进饺子,幼儿将自己包好的饺子装进保鲜袋

3. 整理相关物品

活动延伸:

1. 幼儿将饺子带回家和爸爸妈妈一起品尝。

2. 进一步和幼儿交流饺子的多种吃法(如蒸饺、煎饺等)。

附饺子的"小秘密":

1. 饺子形如元宝,吃了饺子会有好运,能财源广进。

2. 将各种吉利的物品包进饺子里,意味着包住福运,吃饺子的人会有福气。

3. 年三十吃饺子,饺子与"交子"谐音,取更岁交子之意,有喜庆团圆之意。

活动设计者:汲克玲(华东师范大学附属紫竹幼儿园)

活动七:有趣的饺子和汤圆(偏语言领域)

活动目标:

1. 能安静倾听同伴发言并尝试大胆表达自己对饺子和汤圆的认识。

2. 愿意参与谈话活动,感受和同伴聊聊说说的快乐。

活动准备:

物质准备:教学 PPT(呈现不一样颜色和造型的饺子、汤圆图片若干),投票卡(大拇指,"棒"的造型),展板 2 块(一块用于给饺子投票,一块用于给汤圆投票)。

经验准备:参加过绘本《饺子与汤圆》的前阅读活动。

活动过程:

一、引出话题,回忆绘本《饺子和汤圆》

重点提问:还记得这本《饺子和汤圆》吗?饺子和汤圆都做了哪些事情?(饺子特别可爱,戴了漂亮的发箍/汤圆很搞笑,它有光秃秃的脑袋/它们一起滑滑梯、放鞭炮)

小结:是啊,饺子和汤圆是好朋友,它们有不一样的可爱。

二、发起谈话内容，鼓励幼儿尝试表达

1. 调动经验，说说不一样的饺子和汤圆

重点提问：除了故事里的饺子和汤圆，你还见过什么样的饺子或者汤圆？

师：我们先来说说饺子吧，除了绘本中的饺子，你们还见过什么样的饺子？（我见过绿色的饺子/我见过紫色的饺子/有五颜六色的饺子）

师：饺子的颜色各不相同，你们还吃过什么口味的饺子？（我吃过有肉的饺子/有韭菜饺子/有的饺子里面有虾/还有的有玉米和香菇）

师：那汤圆呢？你还见过什么样的汤圆？（我见过彩色的汤圆，有紫色的，黄色的/我还见过里面有肉的汤圆，吃起来咸咸的/还有芝麻的汤圆呢）

幼儿表述自己看到过或品尝过的饺子和汤圆，教师呈现图片。

小结：是啊，饺子和汤圆的朋友真多，饺子和汤圆还有这么多不一样的造型和口味呢！

2. 投票：饺子还是汤圆

教师介绍投票规则：每人一个"棒"，把"棒"投给饺子或者汤圆。

重点提问 1：你喜欢饺子还是汤圆？说说你的理由。（我投给了饺子，因为我喜欢吃饺子/我投给了汤圆，因为汤圆吃起来甜甜的）

重点提问 2：你跟他都选了饺子（汤圆），你同意他的说法吗？你有什么别的理由吗？

小结：嗯，认真听别人的回答，说不定他说的理由和你的想法一样呢！如果不一样，你还可以补充他的想法。

三、饺子汤圆一家亲

1. 说说饺子和汤圆相似或相同的地方

重点提问：你觉得饺子和汤圆有哪些一样的地方？（它们都穿了衣服/它们都把好吃的东西"藏"起来了/它们都要煮熟了才能吃）

小结：听了你们的介绍，我明白了：饺子和汤圆有不少一样的地方，比如它们都"穿了衣服"，它们都喜欢"泡澡"，要煮熟了才能吃。（教师一边小结，一边出示绘本中相关画面）

2. 教师呈现饺子和汤圆做朋友的图片（绘本最后一页）

师：和你们聊天老师觉得很开心，在好朋友回答问题的时候，你们会认真听；在你们有自己想法的时候，会试着大胆说给我们每一个人听，特别棒！饺子和汤圆有很多一样和不一样的地方，它们都是我们中华民族的传统美食，有了你们的喜欢，饺子和汤圆也觉得特别高兴。

活动设计者：汲克玲（华东师范大学附属紫竹幼儿园）

绘本剧：《饺子和汤圆》

时间：春节

地点：家里

人物：饺子4人，汤圆4人，面条1人

【幕启，舞台背景是过年吃年夜饭喜庆的场景。人们欢欢喜喜过新年，在欢乐的音乐声、鞭炮声（音乐：春节序曲＋鞭炮齐鸣）中（话外音：过年咯！一群饺子和汤圆来给大家拜年啦）。

【在轻松愉悦的音乐声（音乐：欢快活泼幼儿童话背景音乐）中饺子和汤圆分别从左右两侧舞蹈上场。饺子与汤圆成对排列。

饺子1：大家好！我是饺子。

饺子2、3、4：过年好呀！（拜年手势）

汤圆1：大家好！我是汤圆！

汤圆2、3、4：祝大家新年快乐！（欢快动作）

饺子1：我很爱笑！（全体饺子做笑的动作）

汤圆1：我很爱闹！（全体汤圆做调皮捣蛋的动作）

全体饺子、汤圆：（饺子和汤圆一对一对拉手转圈）我们两个是好朋友。哈哈哈，啦啦
　　　　　　啦……

饺子1：哇，你的皮肤好滑啊！

汤圆1：咦，你的皮肤黏黏的。

饺子2：是的，我穿的衣服是薄薄的，因为我很怕热。

汤圆2：哦，原来是这样啊！我正好和你相反，我怕冷，所以总是裹得厚厚的。

【面条上场，（灯光打向面条，其他地方暗）（音乐：变态乳牛伴奏）面条手拿大听筒作听的状态。

【灯光转向饺子和汤圆。

饺子3：（好奇）为什么你头上光溜溜的没有头发？（全体饺子摸摸汤圆的脑袋）

汤圆3：（不高兴）我爸爸是个大懒虫，给我剃了个大光头！（全体汤圆做不高兴状）

饺子4：（得意）我妈妈喜欢打扮我，给我戴上漂亮的发箍，漂亮吧？

汤圆4：（不屑）漂亮有什么用，小朋友们都喜欢我们。

汤圆 1：因为我们最喜欢吃糖，小朋友们就喜欢我们甜甜的味道。

饺子 1：（嘚瑟）那你就错了，小朋友们喜欢的是我们。

饺子 2：我们喜欢吃肉和菜，小朋友们觉得咸咸的我们很美味！

汤圆 2：不可能！小朋友们，你们说说，你们到底更喜欢谁？（问观众）

面条：（走上前）哈哈，小朋友们更喜欢我！（嫌弃）你们两个呀，是不是太胖了？不如我这么苗条。（得意）

全体饺子、汤圆：（生气）哪儿来的面条，瘦不拉几的！小朋友们怎么会喜欢你呢！小朋友们就喜欢肥肥的我们。

饺子 3：北方的小朋友喜欢我，每当过年都和我玩游戏！

汤圆 3：南方的小朋友喜欢我，吃了汤圆长大一岁！

面条：（不屑）那你们说说，小朋友们怎么喜欢你们？

饺子 4：小朋友们喜欢让我在辣椒油里打滚。（转圈）

汤圆 4：小朋友们喜欢让我趴在勺子里打盹儿。（做睡觉动作）

面条：（点头）嗯，你们是有很多不一样。

全体饺子：（生气）是喜欢我们！

全体汤圆：（生气）是喜欢我们！

面条：哎哟哟，别吵啦！咸咸饺子、甜甜汤圆，你们都是中华传统美食！

饺子 1、汤圆 1：我们也有相同的地方？

面条：（点头）小朋友们喜欢让我在碗里泡澡，你们不是也喜欢泡澡吗？

　　　　【LED 背景变成大锅

全体饺子、汤圆：对哦对哦，我们最喜欢泡澡啦！

全体饺子：我帮汤圆捶捶背。

汤圆 2：我帮饺子捏捏肩。

饺子 2：我帮汤圆抓抓头，

面条：汤圆帮饺子擦擦背。

全体饺子、汤圆：哈哈，太舒服啦！（享受）

汤圆 3：你们要不要洗洗头啊？

饺子 3：好呀好呀！（开心）可是头上有发箍呀，怎么洗？

汤圆 4：那就要摘掉发箍哦。（摘去饺子头上的发箍）

全体饺子：没问题！（一对一摘发箍）

面条：咦！现在你们两个好像哦！

饺子、汤圆：哈哈哈哈哈……我们都是好朋友，喜欢和小朋友一起唱歌、跳舞、挂灯笼，欢欢喜喜过新年！

【LED背景变成过年喜庆吃团圆饭场景。

【音乐中汤圆上前，念儿歌做动作。

全体汤圆：(念)元宵节，月亮圆。

圆圆元宵黏又甜。

观花灯，踩高跷。

大街小巷真热闹。

宝宝对着月亮笑，

又是一年春来到。

【汤圆退后成半弧形，饺子上前做动作念儿歌。

全体饺子：炒萝卜，炒萝卜，切切切。

抹点油，撒点盐，和点馅。

包饺子，包饺子，擀擀皮。

擀好面皮装好馅，包饺子，

包饺子，包饺子，捏捏捏！

放进锅里盖盖子，煮饺子，

煮饺子，煮饺子，香喷喷，

端上饺子备好料，吃饺子。

【LED背景变成热气腾腾的两个大碗。

【饺子汤圆队形变换成弧形：过年啦，小朋友们快去吃饺子和汤圆咯！（音乐响起）。

面条：等等我！小朋友们也喜欢吃面条噢！

【面条加入饺子和汤圆队伍，集体向观众挥手下场。

剧终

图 1-3-1

绘本 3：
《小粽子，小粽子》

作 者：卷儿

出版社：连环画出版社

相关信息：是动画学博士《饺子和汤圆》的作者卷儿的新作品。儿童文学作家"花婆婆"方素珍、儿童阅读专家王林真诚推荐。

一、绘本赏析

当我们捧起绘本《小粽子，小粽子》时，不禁惊喜地发现，原来中国的传统节日可以如此俏皮地呈现，剥开重重的仪式感，以儿童的视角去探寻端午节的故事，以绘本故事的形式来为孩子们呈现传统节日里的中国记忆。

端午节粽子的口味，其实是一个偏复杂的话题，由于南北方文化差异大，各地食材和口味不同，自古就有"南北甜咸"之争。《小粽子，小粽子》的作者是北方人，吃惯了甜粽子，就觉得其南方人先生经历了几十年的生活习惯固化，喜欢咸粽子好生奇怪。出于饮食习惯和本土主义，她发现了这个有趣的现象，就以俏皮童趣的方式将它形象地呈现出来。

绘本内容极具戏剧性。故事发生的时间：端午时节——小粽子出没的时节。故事发生的地点：淮河码头——南北方的分界线。故事中的人物：甜粽队、咸粽队还有竹筒粽爷爷，旁观者小鸟和一群鱼儿。

淮河码头好比一个巨型舞台，角色们逐个粉墨登场。南北方各来一个小粽子，长相十分雷同的两个小家伙，满怀喜悦，就像儿童渴望有小伙伴一同玩耍一样，南北粽仿佛相见恨晚。可是，峰回路转，"你是甜的吗？""不，我是咸的！"小粽子的表情由期待到尴尬，不是冤家不聚头，此时它们的内心是要接纳还是排斥对方呢？

随着小粽子个数的增多，默默地上演了一处甜与咸的较量，原来粽子的口味竟然这么多。一个个Q弹的小粽子呈现了一组表情包，时而雀跃，时而沮丧，一会儿工夫又火冒三丈、面红耳赤！为了捍卫自己的尊严，小粽子谁也不示弱,据理力争。争执的开场还算和谐:蛋黄粽和大枣粽裸裎相见、友好问候,但从两者的空间距离上看,是一目了然。一旦加入偏好的变量,戏剧化的演进就开始了。双方你来我往,交替穿插,随着镜头的推进、焦点的集中和叙事的加速,画面空间的挤迫感越来越强,火药味也越来越浓,还有一群"吃瓜"群众在水里呐喊助威,小粽子的甜咸之战就是一场南北文化之争,一时间还真是难分胜负。作者将递增型的穿插对战模式和拟人化的食物形象结合在一起,形成了叙事上明晰的节奏感,营造出强烈的儿童趣味和游戏性,并可持续拓展为现实对抗竞技游戏。正当南北甜咸粽陷入僵局之时,神秘客驾到,原来是竹筒粽爷爷。老者的形象与小粽子形成了对比,显现出了竹筒粽的悠悠历史,也无形中给它增添了几分权威,这就是作者派来主持公道的。"甜粽子、咸粽子,你们都是中华小粽子!"有没有一语道破天机的感觉? 瞬间,小粽子们喜出望外,化干戈为玉帛,正所谓不打不相识,原来都是自己人! 关键时刻上道具,小粽子们坐上了龙舟、划船、敲鼓、呐喊……

绘本中粽子们出场的方式有意设计得多样化:既有跑来的,也有飞来的,还有的乘着竹筒行船而来;先依照"北—南""甜—咸""三角—枕形"的常规顺序出场,再用小川粽和八宝粽分别打破北三角和南咸味的惯性思维。粽子们出场时的"坦诚相见",让小读者既直观看到食物内里(彩铅、色粉技法的恰当使用赋予食材 Q 弹质感),又体会到强烈的滑稽感。

趣味性和游戏性体现在文字中,设计也颇具匠心:旁白采用黑色印刷字体,而对话全部使用了手写字,且手写字的颜色分别对应了不同的角色,并用字体的大小来暗示角色说话的顺序。部分文字设计有意的押韵及最后的《甜甜咸咸之歌》,契合着幼儿天然的音乐敏感性,非常适合成人和幼儿在亲子阅读时玩语言游戏。

每一个文学作品都蕴含着丰富的价值,在挖掘绘本价值时,我们通常会思考这样两个问题:这个故事最打动你的是什么? 这个故事儿童最感兴趣的会是什么? 儿童的兴趣点往往会停留在人物特点、情节变化、画面刺激等方面,在这个绘本里他们最感兴趣的就是各种各样的小粽子。成年人则会进入深度阅读,领悟到故事所要传达的情愫情感,比如相互接纳、相互欣赏、多元存在、求同存异的情感共鸣以及隐含着端午节的传统文化。提炼之后,我们就要梳理出基于儿童发展需要的价值内核,并链接儿童对于端午和粽子的已有经验:端午节要吃粽子,有可能在幼儿园包过粽子;大概吃过寥寥几种口味的粽子,见过比较单一的粽子形状。基于儿童已有的经验,我们还要继续丰富儿童关于的粽子经验,比如,认识更多粽子的种类和形状、了解不同的地域有着不一样的粽子、了解不同的人也有着不一样的口味等。这些经验的获得就需要家园合作来完成了。

端午节之所以能成为一个非常重要的中华节日,不仅仅是因为它处在物候交替、由春入夏的关键节点上,也是因为融合了整个中华民族的文化和历史的记忆,是构成"有机的共同体之美"的重要一环。也因此"甜咸之争"争执的不仅仅是一种口味,也是对童年记忆的珍视,对文化认同的执着。不忘原乡原味,也大胆尝试新风新韵,保留记忆、求同存异,这是博大精深的中华美食发展根基,也是中华文化力劫百转终能浴火重生的秘密所在。以中华粽之名甜咸同船、以龙舟竞渡为全书做结,这是作者态度的表达,也正是这一精神的象征。

二、《小粽子,小粽子》主题活动设计

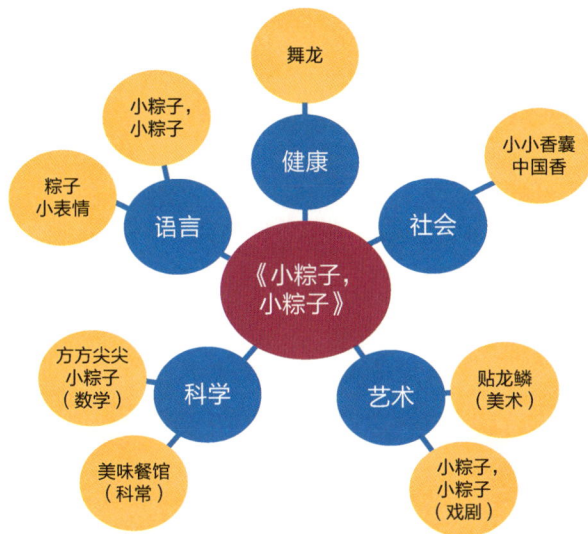

图 1-3-2

《小粽子,小粽子》主题活动设计意图:

粽子又称"角黍""角粽",是中国人在端午节必吃的美食。粽子外面包裹着清香的粽叶,里面有甜甜的糯米,糯米里面的变化那可就各不相同了。《小粽子,小粽子》就是这样一本以淮河为分界线,说清了粽子千变万化的食材和味道的绘本。其画风逗趣可爱,内容浅显易懂,小小的粽子表情丰富,造型特点明确,深受小朋友们的喜爱。绘本中有一个小冲突,南北粽子因为甜咸争执不休,直到竹筒粽爷爷出现之后,大家才知道"我们都是好的中华小粽子"!小小的冲突让故事节奏更为紧凑,地域的特点也更鲜明,小朋友更易理解,也更为喜欢。绘本将中国一家亲的情感毫无痕迹地渗透出来,同时也传递了对中国传统习俗的热爱,从食物到文化,非常"接地气",也非常适合小班幼儿阅读。结合小班幼儿年龄特点,同时基于绘本内容,我们设计了以下七个活动。

活动一:小粽子,小粽子(偏语言领域)。幼儿在小班年龄阶段口头表达能力迅速发展,并喜欢短小有趣,朗朗上口的儿歌。基于此,我们将绘本《小粽子,小粽子》的故事内容改编成了一首儿歌,配上原绘本中的插图,在富有韵律的儿歌欣赏、念诵活动中,幼儿能快速理解绘本想要传递的内容,并喜欢上这个语言活动。

活动二：粽子小表情(偏语言领域)。在第一课时欣赏、念诵儿歌的基础上,幼儿对绘本内容已有了初步的了解,因此本次活动教师将从粽子"表情"的角度出发,引导幼儿关注小粽子们的表情。在绘本不同场景中,小粽子们有不同的表情,或高兴,或生气,或沮丧,非常有趣。活动中教师引导幼儿关注并尝试模仿小粽子的表情,在看看玩玩中,不仅帮助幼儿更加理解绘本内容,还使幼儿在不知不觉中感受到了绘本阅读的乐趣。

活动三：方方尖尖小粽子(偏科学领域——数学)。在幼儿的日常生活中,大量物品都融入了图形的基本元素。本次活动,教师就将围绕"图形"的相关内容展开。活动将通过"小粽子"切入,帮助幼儿在粽子中获取形状的基本经验。同时通过其他常见的食物进行拓展,丰富幼儿对图形的认知,帮助幼儿在生活中感知图形。

活动四：美味餐馆(偏科学领域——科常)。对于小班幼儿来说,"品尝味道"是一件大事!舌头很重要,本次活动教师将引导幼儿通过调动各种感官,在"看一看、说一说、闻一闻、尝一尝、贴一贴"中,积极参与活动,最后达到感受酸、甜、苦、辣、咸各种味道,知道舌头是辨别味道的重要器官。

活动五：舞龙(偏健康领域)。舞龙是端午节传统活动之一,成人的舞龙活动需要各队员之间紧密合作,针对小班幼儿我们设计了一种常见而有效的道具帮助他们"舞龙",在舞龙的活动中,走走跑跑,快乐游戏。

活动六：贴龙鳞(偏艺术领域——美术)。划龙舟是端午节最受欢迎的活动了,除了激烈的比赛现场,漂亮的龙舟也是亮点所在。本次活动,教师将为幼儿创设"补龙舟"的有趣情境,激发幼儿大胆表现的欲望,同时引导幼儿观察龙鳞的特点,尝试为龙舟补填龙鳞。

活动七：小小香囊中国香(偏社会领域)。端午节除了有吃粽子、划龙舟等标配活动,其实民间还一直流传着做香囊的特有传统。小小的香囊,内装清香驱虫的各种香料,寓意着人们美好的祝愿。在本次活动中,教师将引导幼儿了解"香囊"这一独特文化,并通过香囊的制作,引导幼儿送给亲人朋友,从中体会关爱他人的温暖情感。

活动一：小粽子,小粽子(偏语言领域)

活动目标：

1. 理解儿歌内容,感知儿歌朗朗上口的特点。
2. 感受儿歌的有趣和好玩,尝试朗读儿歌。

活动准备：

物质准备：教学 PPT(小粽子图片等)、圆舞板(打击节奏时使用)。

经验准备：品尝过粽子的味道。

活动过程：

一、活动导入——小粽子来了

教师出示 PPT（左右两边各一个小粽子）。

师：看看谁来了？（小粽子）有几个小粽子？（两个/这里一个，那里一个）

师：听听他们在说什么？

教师播放 PPT 语音："我最好吃，我最好吃！"（语音内容呈现"争相表达"的争吵状态）

师：他们在做什么？（他们在吵架/他们说我好吃，我最好吃）

　　小结：两个小粽子，他们因为谁好吃的问题吵起架来，都认为自己最好吃！

二、基本活动——小粽子儿歌

（一）感知并理解儿歌前半部分

1. 出示小粽子组图

教师继续播放 PPT（分左右两边同时出现 3 个粽子，左边：大枣粽、豆沙粽、八宝粽。右边：蛋黄粽、火腿粽、小川粽。粽子图片可参考绘本）

过渡：这次来的可不止 2 个粽子，竖起小耳朵仔细听！

2. 念诵儿歌小粽子前半部分

教师打击圆舞板，有节奏地念诵儿歌前半部分（至"不甜不咸竹筒粽"前）。

北边来了小粽子，

南边来了小粽子。

大枣粽、蛋黄粽，

吵得脸蛋红彤彤；

豆沙粽，火腿粽，

吵得脸蛋红彤彤；

八宝粽，小川粽，

吵得脸蛋红彤彤。

3. 交流分享

重点提问 1：这次都来了哪些小粽子？他们从哪里来，发生了什么事？（来了八宝粽/大枣粽和蛋黄粽）

教师根据幼儿回应在同一页 PPT 中陆续出示粽子图片，加深幼儿对粽子的认识和理解。

师：儿歌中还出现了哪些粽子？（豆沙粽和火腿粽/小川粽）

教师根据幼儿回应有节奏地念诵儿歌 1～3 遍。

师：听到他们是从哪里来的吗，发生了什么事？（从南边和北边来/他们都在吵架）

师：儿歌中是怎么念的？（吵得脸蛋红彤彤）

重点提问2：一边是大枣粽、豆沙粽、八宝粽，一边是蛋黄粽、火腿粽、小川粽，他们究竟在吵什么？（吵谁更好吃）

师：大枣粽、豆沙粽、八宝粽尝起来是什么口味的？（是甜甜的味道）蛋黄粽、火腿粽、小川粽尝起来是什么口味的？（是咸咸的味道）

师：你们喜欢吃甜粽子还是咸粽子？（我喜欢吃甜的粽子/我喜欢吃咸粽子）

> 小结：小粽子和你们一样，都觉得甜的或咸的好吃，大枣粽、豆沙粽、八宝粽觉得甜甜的粽子好吃，蛋黄粽、火腿粽、小川粽觉得咸咸的粽子好吃，所以他们因为"谁好吃"的问题吵了起来。

4. 师幼共同尝试有节奏地念诵儿歌前半部分1~2遍。

师：小粽子们闹哄哄，他们心情怎么样？（他们都很生气/气得脸都红了）

师：真是又好气又好笑，我们一起来念一念这首儿歌。

（二）感知并理解儿歌后半部分

1. 交流讨论

师：如果别人吵架了，你们会怎么办？（让他们不要吵架了/要有礼貌）

2. 念诵儿歌小粽子后半部分

教师打击圆舞板，有节奏地念诵儿歌后半部分。

> 不甜不咸竹筒粽，
> 劝劝他们别吵架。
> 不管甜咸都美味，
> 全是中华小粽子。

3. 交流分享

重点提问：是谁来劝架了，小粽子们还在继续吵架吗？（竹筒粽来了/不吵了，因为他们都是很好吃的）

教师在PPT中出示竹筒粽爷爷的图片及小粽子们一起"欢呼雀跃"的图片（绘本倒数第二页）。

> 小结：不管是甜还是咸，都是我们包的小粽子，都是我们中华民族的小粽子。

4. 师幼共同尝试有节奏地念诵儿歌前半部分1~2遍。

三、完整欣赏儿歌并尝试有节奏地念诵

1. 完整念诵

师：我们一起拍着手，试着完整地念诵这首有趣的儿歌吧。

2. 留下疑问

师：小粽子们和好了，看看他们接下来打算去做什么？

活动延伸：

将绘本《小粽子，小粽子》投放至区角，进一步阅读绘本，感受"小粽子"的有趣和好玩。

活动设计者：白翎（华东师范大学附属紫竹幼儿园）

活动二：粽子小表情（偏语言领域）

活动目标：

1. 理解图书内容，感知并尝试表现小粽子的表情。

2. 喜欢阅读《小粽子，小粽子》，感受和同伴一起阅读的快乐。

活动准备：

物质准备：教学PPT（内容至"甜的好、咸的好"）、绘本若干（内容观看至"甜的好、咸的好"即可，后续部分可用燕尾夹夹住），表情板若干（内有小粽子抠图表情若干，建议两人一份），黑板一块，纸笔一份，轻音乐。

经验准备：参加过第一课时的儿歌活动。

活动过程：

一、猜猜说说，引发幼儿兴趣

1. 绘制表情，引发关注

师：小朋友们猜一猜，这是什么？（教师画两个黑点点）（两颗豆子/两个黑芝麻）

师：如果我在点点上面加上弯弯的线条，再在点点下面加上一个弯弯的向上的半圆呢？（是眼睛、眉毛和嘴巴）

师：没错，有眼睛、眉毛和嘴巴，这是一个表情。那现在的表情是什么样的呢？（是一张笑脸/是高兴的样子）

师：那如果嘴巴是这样的呢？（教师添画生气的表情）（不高兴了/生气了）

> 小结：你们的小眼睛太厉害了！从眼睛、眉毛和嘴巴的不同样子就能看出来这是不一样的表情，有的高兴，有的生气。

2. 引出绘本，关注小粽子的表情

教师出示绘本。

重点提问：还记得这本故事书吗？故事里发生了什么？（小粽子们吵架了/它们最后和好了）

小结：是呀，绘本里的故事可精彩了，小粽子们之间发生了很多有趣的事情，面对不同的事情，它们的心情不一样，表情也不一样哦！

二、自主阅读，寻找小粽子的表情

过渡：这是一份表情板，上面有很多表情，接下来请你们去找一找书里的小粽子在哪里，看看它是什么表情？找到了就把表情板中的表情取下来贴在小粽子的旁边。

1. 阅读小提醒

(1) 2人一组，每组一份表情板，一本绘本。

(2) 找到小粽子后仔细观察小粽子的表情，说一说小粽子有什么样的表情，然后把表情板上的表情取下来贴在该小粽子旁边。

(3) 音乐停止，幼儿暂停阅读，准备交流分享。

2. 幼儿分组自主阅读，教师巡回指导

(1) 提醒幼儿关注小粽子的表情。

(2) 鼓励幼儿说一说、演一演小粽子的表情。

(3) 鼓励幼儿说一说小粽子发生了什么事情。

3. 分享交流

重点提问1：你们找到了这些表情吗？小粽子的表情是怎样的？小粽子之间发生了什么，它们的心情怎么样？（教师根据幼儿的回答，共读阅读相应的页面，关注小粽子的表情，鼓励幼儿猜测并表达小粽子发生的事情）

重点提问2：假如你是小粽子，你能演一演小粽子的表情吗？

小结：面对不同的事情，小粽子们的表情变化可真多啊，有的生气，有的高兴，有的沮丧，可真是太可爱了！（教师一边小结，一边做出相应的表情）

三、说说我们喜欢的表情

1. 说说喜欢的小粽子表情

重点提问：你最喜欢小粽子的哪个表情？为什么？（我喜欢笑的小粽子/我也是，我喜欢笑的表情）

小结：每个人都有喜欢的表情，大多数人都喜欢开心、高兴的小粽子。

2. 说说生活中最喜欢见到的表情

重点提问：你最希望见到老师、好朋友或自己有什么样的表情？（我希望我是开心的表情/我希望我的好朋友和老师也是开心的表情）

小结：老师最喜欢看到你们每天高兴、开心的表情，看着你们开心的样子，老师也会跟着你们一起开心。

活动延伸：

说说如何将生气的表情转变为开心的表情。

活动设计者：汲克玲（华东师范大学附属紫竹幼儿园）

活动三：方方尖尖小粽子（偏科学领域——数学）

活动目标：

1. 观察生活中常见的食物，尝试表述食物的形状。

2. 大胆联想生活中的食物，乐于分享自己的发现。

活动准备：

物质准备：粽子、汤圆、饼干实物若干，其他食物的照片若干，三角形、长方形等基本形状。

经验准备：在生活中见过各种食物，有初步认识形状的经验。

活动过程：

一、实物导入，引发兴趣

师：小朋友们，你们见过小粽子吗？小粽子是什么样子的呢？（尖尖的/长长的/是三角形的）

教师出示实物粽子，邀请幼儿观察。

二、仔细观察，发现形状

1. 发现三角形

师：这个粽子是什么形状的？（三角形）

师：哪里有三角形，你可以用手指一指、画一画吗？

教师出示三角形，用手描画形状的边框。

师：你们发现是这个形状吗？（是的，就是三角形）

　　小结：这个小粽子的身上有一个类似三角形的形状，三个尖尖的角真漂亮呀。

2. 发现长方形

师：老师这里还有粽子，快来看看它又是什么样的。（它是长长的/它像一个小箱子/它是长方形的）

师：请你来画一画，看看长方形藏在哪里。

教师在幼儿手画出长方形之后，出示长方形。

师：你们找到这个形状了吗？一起来用手画一画。

小结：这个小粽子跟刚才的不一样，它的身上藏着一个类似长方形的形状，长方形有四条长长的边，你们仔细看哟。

3. 发现更多的形状

教师出示其他食物图片。

师：老师还为大家准备了很多好吃的食物，你们一起来看一看，找一找它们身上藏着的形状，找到之后把相应的形状卡片放在它的旁边哦！

师：你手里的是什么食物，它身上藏着什么形状？（饼干是圆圆的/这块糖果方方的）

小结：这块饼干身上藏着圆形，咕噜咕噜滚起来；另一块饼干身上却藏着长方形；这块糖果是三角形的，你们观察得真仔细啊。

三、联想生活，大胆猜测

师：你还吃过什么好吃的食物，它是什么形状的？（我吃过披萨，是三角形的/我吃过面包片，是正方形的）

小结：生活中好吃的食物真多啊，有趣的形状都藏在它们的身上，只要用小眼睛仔细观察，就能发现藏起来的形状朋友！

活动设计者：白翎（华东师范大学附属紫竹幼儿园）

活动四：美味餐馆（偏科学领域——科常）

活动目标：

1. 通过感受酸、甜、苦、辣、咸等各种各样的味道，知道舌头是辨别味道的重要器官。

2. 了解保护肠胃的方法，知道清淡饮食对身体好。

活动准备：

物质准备：布置"美味餐馆"，摆放话梅、巧克力豆、苦瓜丁、辣椒丝、萝卜干等各种口味的食物，师幼共同讨论并制作表示酸甜苦辣咸的标志图。

经验准备：知道食物有各种味道，会用形容词来表达自己的感觉，如酸酸的、甜甜的、苦苦的、辣辣的等，增强味觉体验。

活动过程：

一、回忆故事，激发兴趣

出示图片，回忆故事情节，知道粽子有不同的口味。

重点提问：绘本《小粽子，小粽子》里有哪些口味的小粽子？（豆沙粽/蛋黄粽/火腿粽/还有竹筒粽爷爷）

小结：绘本里出现了各种各样味道的小粽子,甜甜的大枣粽、豆沙粽、八宝粽,咸咸的蛋黄粽、火腿粽,咸辣味的小川粽,还有既可以不甜也不咸、还可以又甜又咸的竹筒粽,甜粽子、咸粽子都是中华小粽子。

二、玩中学,探索中发现

1. 看一看,说一说

师：教室里新开了一家"美味餐馆",里面有各种各样好吃的,我们一起看看有什么呀?它们分别是什么味道？（我喜欢吃巧克力,巧克力很甜/话梅我吃过,酸酸的）

小结："美味餐馆"里有话梅、巧克力豆、苦瓜丁、辣椒丝、萝卜干等各种口味的食物。

2. 闻一闻,尝一尝,在游戏中探索食物的味道

过渡：它们的味道是不一样的哦,等会我们邀请小朋友来尝一尝,不让其他小朋友看到,通过表情,我们一起猜猜小朋友可能品尝了哪一样食物?

玩法：轮流邀请幼儿去"美味餐馆"里选择一种食物放在舌头上品尝味道,做出表情,其他幼儿通过看表情,猜猜他吃了什么。教师提醒尝味道的幼儿在品尝食物时不要让大家看到食物。

师：选一种食物轻轻放在舌头上品尝一下味道。

师：嘘,不能说吃的是什么东西哦,你可以用表情告诉大家这种食物是什么味道的。

师：请你们猜一猜他吃了什么？（巧克力）

师：为什么？（因为他在笑,很好吃）

师：巧克力的味道是甜甜的,很好吃,感觉很开心。

3. 贴一贴,说一说

按不同味道,把食物放在对应的酸甜苦辣咸图卡前面,说一说吃了酸酸的、辣辣的、咸咸的、苦苦的食物后舌头的感觉,以及自己最喜欢哪种食物的味道。

三、讨论保护舌头的方法,养成良好的饮食习惯

师：舌头是我们身体中非常重要的器官,它可以品尝不一样的味道,我们平时应该怎么保护我们的舌头呢？（刷牙的时候也要刷舌头,要爱卫生/不能喝太烫的水/辣的也不能多吃）

小结：是的,我们小朋友吃的食物要清淡一些,不能太咸太辣,重口味的食物会伤害我们的舌头和胃哦,当然食物的温度也要适宜,不能太烫、太凉,要养成良好的饮食习惯。

活动延伸：

在区域活动中设置"美味餐馆"的游戏,同时还可拓展延伸"好闻的气味",让幼儿探索分辨几种经常接触的不同气味,体验鼻子的作用。

活动设计者：王晓莉（华东师范大学附属紫竹幼儿园）

活动五：舞龙（偏健康领域）

活动目标：

1. 在走走跑跑中，跟随"龙珠"信号舞龙。

2. 体验传统民俗舞龙活动的乐趣。

活动准备：

物质准备：A4 大小的彩色帆布若干（也可用差不多大小的毛巾替代），龙珠若干（舞龙时"龙"跟随"龙珠"舞动），舞龙舞狮的背景音乐。

经验准备：对龙有一定的认识，看过舞龙的表演。

活动过程：

一、活动导入——龙来了

幼儿跟随教师排成一列，变成一条长长的"龙"，跟随音乐行进，通过慢步跑动、踮脚跑、下蹲走等活动身体。

师：我们一个跟着一个，试着变成一条长长的龙，一起动起来吧。

二、基本活动——舞龙

（一）尝试舞龙

1. 回忆舞龙

过渡：你们还记得"舞龙"的表演吗？（嗯，记得）

师：人们是怎么表演舞龙的，舞龙时龙跟着什么舞动？（舞龙有很多人，后面的人跟着前面的人/龙要跟着前面的龙珠才行）

> 小结：龙身跟着龙头动，龙头跟着龙珠动，一个跟着一个动，龙才能舞动起来。

2. 邀请部分幼儿尝试

师：我来做戏龙人，哪几个小朋友能排成一排变成一条龙，跟着我的"龙珠"动起来？

师：等会就要开始舞龙了，龙舞动时需要跟着什么？（龙要跟着龙珠跑）

部分幼儿尝试游戏。

3. 交流分享

重点提问：他们是怎么舞动的？（龙珠在上面龙也要在上面，龙珠在下面龙也要在下面）

> 小结：舞龙时，龙需要跟着龙珠舞动。龙珠往上，龙也需要往上（踮起脚）；龙珠往下，龙也需要往下（蹲下身）；龙珠绕圈，龙也需要跟着绕圈。

4. 再次尝试

邀请个别幼儿当舞龙人，尝试舞龙。

（二）龙来了

1. 尝试将帆布变成龙

过渡：我这里有帆布材料,舞龙时人与人都是连起来的,我们能不能借助帆布材料,使龙连在一起舞动？（可以的/帆布在中间,我们要拿着/一个人和另一个人要让帆布连起来）

2. 尝试多人拿一张帆布舞龙（帆布数量比人数少 1）

重点提问：有帆布的龙和没有帆布的龙舞起来有什么不一样？（有帆布舞龙的时候大家要一起/要大家一起向上或向下配合好）

师：有没有遇到什么问题,需要注意什么？（不能跑得太快,几个人速度要差不多/速度不一样就会摔倒）

> 注：此环节可循序渐进,根据班级幼儿情况而定,从 2 人龙逐渐增加到 3 人龙或更多人一起。

师：想不想更多的小朋友一起,通过帆布连起来,变成一条长长的龙？ 我们一起来试试吧！

教师通过控制龙珠的速度和方向来慢慢引导幼儿一起参与舞龙活动。（往前,身体左右侧摇摆并尝试通过绕圈、跳等方式舞龙）

三、放松活动

1. 小朋友们排成一列,每位小朋友之间空出一定的间隔,排成"龙形",给前面的人轻轻拍拍肩膀、敲敲后背、捏捏小腿等

2. 一起收拾整理器械

活动设计者：白翎（华东师范大学附属紫竹幼儿园）

活动六：贴龙鳞（偏艺术领域——美术）

活动目标：

1. 了解龙鳞鳞次栉比的特征,为龙鳞添上漂亮的图案。

2. 在空白龙鳞上大胆绘画,喜欢美术活动。

活动准备：

物质准备：龙的图片一张,龙鳞形状的便利贴若干,炫彩棒人手一盒,龙形状的底板一块。

经验准备：见过龙的形象（图片、视频等）。

活动过程：

一、情境导入

师：你们见过龙吗，龙是什么样子的？（我见过，龙的身体长长的/我也见过龙，龙有两个角/龙身上有鱼一样的鳞片）

教师出示龙形底板，上面有一些即时贴龙鳞缺失。

师：今天班级里也有一位龙朋友，但是它好像有点不开心，你们猜猜它怎么了？（它的身上有点难看/它的龙鳞不见了）

二、尝试绘画

过渡：小龙今天很不开心，它的漂亮龙鳞不小心掉了一些，现在它不能去参加龙舟比赛了，怎么办呢？让我们一起来帮帮它好不好？（好）

1. 回忆龙鳞

师：你们还记得龙鳞长什么样吗？龙鳞是什么形状的？（龙鳞是有点半圆形的/龙鳞一片一片的）

师：怎么样才能使龙鳞闪闪发亮、漂亮特别呢？（我们可以画一些爱心/用金色的笔涂上颜色）

> 小结：小龙的龙鳞不见了，它很不开心，没关系，我们来帮它！找到桌上的半圆形龙鳞，画上小朋友们觉得美丽的图案或涂上好看的颜色，不要害怕，大胆画，小龙等着大家来帮忙！

2. 绘画龙鳞

请幼儿拿取桌面上的"即时贴龙鳞"，根据自己的喜好画上图案。

教师巡回指导，注意幼儿画的时候，要避开有黏性的一面。

面对无从下笔的幼儿，教师给予鼓励，多引导幼儿联想平时生活中常见的形状和图案，也可只给龙鳞涂色。

三、补充龙鳞

1. 观察龙鳞

师：你们的龙鳞画好了，可是我们要怎么送给小龙呢？随便放上去吗？（不是的）

教师出示龙形象的图片，引导幼儿观察龙鳞的排列。

师：我们需要怎么贴上龙鳞呢？（一个一个地贴/贴在空白的地方/跟着贴）

> 小结：你们说得都很棒！龙鳞一片一片挨得紧紧的，一层一层排列整齐，鳞次栉比才会漂亮，已经有龙鳞的地方就不需要我们再帮忙，缺少的地方我们可以帮它补充上去！

2. 粘贴龙鳞

幼儿尝试贴龙鳞，分批上来贴不拥挤，教师个别指导不会粘贴的幼儿。

结束：谢谢大家！有了你们的帮助，龙鳞又整齐又漂亮，闪闪发亮，这下它可以开心地去参加龙舟比赛了。

活动延伸：

把剩下的空白龙鳞拿下来继续添画。

活动设计者：王晓莉（华东师范大学附属紫竹幼儿园）

活动七：小小香囊中国香（偏社会领域）

活动目标：

1. 初步了解香囊，知道制作香囊是端午传统活动之一。

2. 尝试简单制作香囊，体验赠送香囊的温暖。

活动准备：

物质准备：香囊一个；艾叶、香草、薄荷叶、柚子叶、干花等若干；空香囊袋若干。

经验准备：了解过端午节的相关习俗。

活动过程：

一、认识香囊

师：你们知道端午的时候，人们会举行什么活动吗？（端午节会划龙舟/端午节要吃粽子/端午还会舞龙呢）

　　小结：端午节是中国的传统节日，在端午节人们除了划龙舟、吃粽子、舞龙之外，还会制作香囊呢！制作香囊和端午节一样有几千年的历史哦！

二、了解并制作香囊

1. 闻一闻

教师手捧香囊，注意不被幼儿看到。

师：你们闻，这是什么味道？（好香的味道/花的味道/有一种我家门上挂的那种草的味道）

师：你们能猜一猜这个味道香香的是什么吗？（香皂/香囊）

师：对了，这个香气扑鼻的东西就是我们的香囊了。今天我们也来做一做这样漂亮又好闻的香囊吧！

2. 看一看

教师出示香囊。

师：香囊长什么样子呢？（有点尖尖的/有点像粽子/有漂亮的穗穗）

师：是的，香囊很漂亮，有的像粽子，有的像一个小包袱。

师：那你们猜猜香囊有什么用处呢？（让衣服香香的/让房间变香）

　　小结：香囊虽然长得有点像粽子，但是它里面可不装米哦！它装的是香料，人们把好闻和对人有益的植物装进香囊里，用来驱赶蚊虫，当蚊虫来的时候，我们就不必害怕啦。

师：你们来看看里面都装了什么，认识吗？（那个像荷花/还有薄荷）

师：那你们知道是怎么做的吗？（不知道/把香香的东西装进去）

　　小结：我们需要提前晾晒好里面的香料，然后制作好装香料的小袋子，接着把你喜欢的香料放进去，最后拉好绳子，挂上漂亮的穗子就完成啦！

3. 做一做

过渡：你们想不想来亲手做一做香囊？（想）

师：制作香囊时放多少香料合适呢？（一点点/多一点才香）

　　小结：老师已经给你们准备了晒好的各种香料，还有漂亮的小袋子。但是，每一种香料的味道都不一样，你们要选择自己喜欢的放进去，太多会溢出来，太少会没有香味，要刚刚好。

三、赠送香囊

过渡：你们的香囊都制作好了，真香呀！

师：那你们知道香囊怎么使用吗？（挂在身上/挂在门上/放在书包里）

师：你们说的都对！除了你们说的这些，其实中国还有赠人香囊的习俗，人们用心制作香囊，把美好的祝愿寄寓在香囊里，送给他人，希望拿到香囊的人能万事如意。

师：你们想把自己的香囊送给谁呢？（送给爷爷，我喜欢爷爷/送给妈妈，香香的妈妈肯定会喜欢/送给我的小妹妹，这样她就不会被虫子咬了）

　　小结：你们真是一群既聪明又温暖的孩子，相信收到你们香囊的人一定会感觉很温暖很开心。

活动延伸:

制作粽子等其他传统物品，进一步体验端午节。

活动设计者：王晓莉（华东师范大学附属紫竹幼儿园）

绘本剧:《小粽子,小粽子》

人物:大枣粽、蛋黄粽、豆沙粽、火腿粽、小川粽、八宝粽、鱼儿们、竹筒粽爷爷

时间:端午

地点:淮河码头

【舞台上布有一弧形的码头,竖着一块写着"淮河码头"的牌子,码头中间立着一竿,挂着一个救生圈。

【欢快的音乐声中大枣粽从码头左侧舞步上,蛋黄粽从码头的右侧舞步上,见面互打招呼。

大枣粽:你好! 我是大枣粽。

蛋黄粽:你好! 我是蛋黄粽。

大枣粽:咦,我们长得很像哦,你也是甜甜的吗?

蛋黄粽:不,我是咸咸的。(发现左侧又来了一个粽子)看! 又来了一个。

【码头左侧又跑过来一个豆沙粽。

豆沙粽:嗨,你们好! 我是豆沙粽。

大枣粽:太好了,太好了! 你也是甜的吧。

豆沙粽:是的是的,我是甜甜的豆沙粽。(拉着大枣粽转圈)

蛋黄粽:(看着大枣粽和豆沙粽相互亲热露出失落的表情)为什么他们和我是不一样的?

【码头右侧又跑过来一个火腿粽。

火腿粽:嗨,大家好! 我是火腿粽。

蛋黄粽:太好了,见到咸咸的火腿粽真开心!

火腿粽:是的,是的,我们都是咸咸的粽。

【这时码头右边又跑上一个粽子。

蛋黄粽:呀,不好,是个三角形的。

大枣粽、豆沙粽:甜甜的吗? 我们在这里!

小川粽:你们好! 我是咸辣味的小川粽。

蛋黄粽、火腿粽:太好了,我们有三个了。

大枣粽、豆沙粽:咦,不是甜甜的。

【没多久南边居然又飞来一个小粽子。

八宝粽：我来啦！我是甜甜的八宝粽。

蛋黄粽、火腿粽：啊，原来不是咸的。

大枣粽：（招手）快上来，快上来，甜甜的在这里。

豆沙粽：现在我们甜的也有三个了。

【一群鱼儿从码头下的水面游上。看着甜粽子和咸粽子讨论起来。

鱼儿1：你们说甜粽子好吃？还是咸粽子好吃？

鱼儿2：当然是咸的好吃。

鱼儿3：甜的好吃！

鱼儿4：咸的好吃！

鱼儿5：甜的好吃！

鱼儿6：咸的好吃！

八宝粽：咸的多奇怪啊！

豆沙粽：就是就是！

蛋黄粽：谁说的，甜的才奇怪呢！

火腿粽：对，你们最奇怪！

大枣粽：小朋友都喜欢甜食。

小川粽：哼，才不是呢。

大枣粽、豆沙粽、八宝粽：甜的好！

蛋黄粽、火腿粽、小川粽：咸的好！

鱼儿1、鱼儿3、鱼儿5：甜的好！

鱼儿2、鱼儿4、鱼儿6：咸的好！

【争吵中竹筒粽爷爷来了。咔嚓一声裂开两半。鱼儿慌忙躲闪开来。

竹筒粽爷爷：哎哟哟，别吵了！甜粽子，咸粽子，你们都是中华小粽子。

大枣粽：那您是谁啊？

竹筒粽爷爷：我是不甜也不咸的竹筒粽爷爷。

所有粽子：哦，原来您不甜也不咸。

竹筒粽爷爷：但我也可以又甜（敲鼓）又咸（敲鼓）。

所有粽子：竹筒粽爷爷真是太棒了！

【一只龙舟缓缓驶来，竹筒粽爷爷向小粽子呼喊。鱼儿也纷纷游过来。

竹筒粽爷爷：小粽子们，船来喽，都上来吧，大家一起划龙舟了！

大枣粽：甜粽子们上来吧。

蛋黄粽：咸粽子们上来吧。

所有粽子：原来我们是一队的呀！哈哈哈哈……

【朱宗庆打击乐《划龙船》声中，鱼儿伴着龙舟游着，竹筒粽爷爷敲着鼓，小粽子划着桨，龙舟在有节奏的鼓声和呐喊声中驶向侧幕。

剧终

中班

中国原创绘本主题活动设计

图 2-1-1

绘本 4：
《中秋节快乐》

作　者：孟亚楠

出版社：天天出版社有限责任公司

相关信息：《中秋节快乐》是第一届"青铜葵花图画书奖"获奖作品，英国利兹大学"白玫瑰汉语翻译大赛"指定用书，版权输出英国，中国出版集团 2017 年度优秀主题出版图书，入选中版好书榜月度榜单。

一、绘本赏析

中秋佳节，花好月圆，人们都向往全家人围在一起赏月，吃月饼，其乐融融，如果这时给小朋友们讲一个关于中秋节的故事，体会一下这份团圆与爱的意味是不是会更加幸福呢？绘本《中秋节快乐》便是这样一个以中秋节为背景讲述爱与分享的故事，书中歌谣般的语言与戏剧般的画面双线并行，传递出浓浓的善意与温暖。

中秋节以月之圆兆人之团圆，为寄托思念故乡，思念亲人之情。在中国传统的中秋佳节，每个孤独的身影都会被这天的月亮照亮心房；每一个温暖的灵魂都会把这份温暖与爱传递下去。绘本《中秋节快乐》也是这样一本充满人间真情的绘本。中秋节晚上，兔妈妈的两个孩子要回家过节，一大早兔妈妈就提着篮子出门去准备食材，一路上不断收获好邻居、好朋友送的蜂蜜、松果、红果子等礼物。与此同时，画面中大野狼一直尾随其后，想要吃掉兔妈妈。机缘巧合，大野狼的诡计总是不能得逞，到头来一无所获，号啕大哭。而故事的结局也是充满温情，在意料之外，又在情理之中。兔妈妈为大野狼准备了好吃的月饼，大野狼对着月亮一边吃着月饼一边哭着。至此，中秋的团圆、快乐、幸福等一切美好的感情一下子迸发出来。故事里的人间真情一共有三层：除了家人之间的等待与团圆，还有邻里、朋友之间爱意的传递。所有好朋友美好的分享都被包进了圆圆的月饼里，这也是爱与分享的融合。除此之外，中秋节也包含对他人的美好祝愿，结尾因为兔妈妈的分享，大野狼也有了属于自己的中秋节，这体现了人与人之间的宽容与善意。赠予或孤独或陌生的他人一个美好的中秋祝福,温暖他人的心房何尝不是一件美事。

绘本文字精炼,富有诗意,同时有着歌谣般的韵律感和节奏感,朗朗上口,符合幼儿的阅读趣味,适合他们进行大声朗读。另外,本书的"重头戏"在于画面的设计,画面整体上是水彩技法的韵味,拥有英国古典主义意味,风格恬淡、温暖,充满悠然的田园气息,给人以视觉上舒适愉快的观感。动物形象设计也非常天真生动,唯一的"反派"大野狼也不是尖嘴獠牙的恶相,而是充满圆溜溜的稚拙感,大野狼被蜜蜂叮到、被松果打到、被胡萝卜坑绊倒,种种巧合让人会心一笑,让这个"反派"不再讨厌,而是充满了蠢萌、傻憨和可怜的味道。图画里的细节饱满而准确:挂在墙上的日历纸,果园里的落叶,花丛中盛开的菊花,河狸身旁的芦叶,还有忙着回家的鸭妈妈一家,秋的气息,中秋的感觉,从书里悄悄弥散开来,从视觉上说,舒缓而愉悦,仿佛一曲看得见音符的乐章。

本书的图文结构也是一大特色,图文双线并列使得情节更加合理流畅,作者并没有使用文字作过多的意义阐述,而是给图画更多的表现空间,留给幼儿更多的思考空间,不断激发幼儿的阅读兴趣。

中秋节是本书的核心意象,封面中半轮圆月占据了近半幅画面,小兔一家正吃着月饼赏着月,阴影处孤独的大野狼也在看着月亮,颇有一种"海上生明月,天涯共此时"的韵致,通过正面描画和侧面突出,烘托出中秋团圆的主题。前后环衬展现了各色口味的月饼以及兔子和狼图案的月饼,看到这里可以引导幼儿一起来数一数月饼的个数,说一说月饼口味,并预测兔子和狼会在中秋这天发生什么事情,这不仅可以拓展幼儿对月饼的知识,而且可以发展他们的阅读预测能力。再往后,或单幅或跨页,兔妈妈出门、历险、收获、回家、做月饼、团圆、送礼物,一路走向高潮。读完,我们可以和幼儿一起讲述兔妈妈收集食材的过程;像兔妈妈那样尝试制作月饼;回顾故事中快乐的事情……在各种形式的活动中感受中秋的团圆气氛。

绘本《中秋节快乐》不说教,不落俗套,小小的故事里蕴含着大大的智慧。将符合幼儿审美趣味的语言与戏剧化的画面结合,讲述了一个中国传统节日主题故事,充满温情,趣味性又强,传达出中秋团圆快乐的祝愿。

二、《中秋节快乐》主题活动设计

《中秋节快乐》主题活动设计意图:

中秋节,团圆夜。每年的阴历八月十五,在桂花飘香的日子里,我们将迎来中华民族的传统节日——中秋节,每年的中秋节我们都希望能一家人坐在一起,赏月,吃月饼,喝桂花酒……希望在那一轮明月的见证下,我们的生活越来越好。

《中秋节快乐》描绘的就是兔妈妈、三只兔宝宝和大野狼在中秋节那天发生的故事,招人喜欢

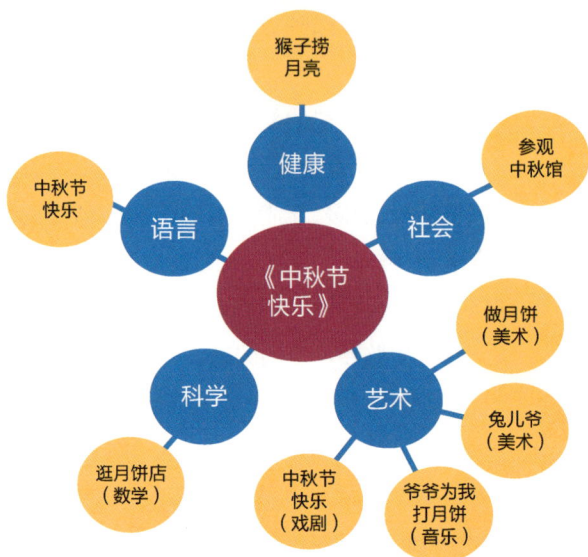

图2-1-2

的小兔子,诙谐幽默的故事情节,激发幼儿阅读的强烈兴趣。绘本色彩明亮,动物形象可爱有趣、情节起伏波动、扣人心弦,走进绘本就会忍不住一直看下去,非常适合中班幼儿阅读。

绘本中兔妈妈为了迎接晚上回家过节的小兔子,从一大早就开始忙活了。此情此景是不是像极了现实生活中的中秋节,妈妈一大早就开始准备晚餐,为的就是让孩子们回来尝一口熟悉的味道,一解对家的思念。兔妈妈的篮子从一开始空空荡荡到后来满载而归,她收集的不仅仅是食材,更是对孩子的爱。故事里最耐人寻味的还有大野狼先生,每每让人看到大野狼先生要奸得逞时,总是为兔妈妈捏把汗,可转而出现大野狼被"戏弄"的场景又让人捧腹大笑。生活中有很多危机,但是也从来不缺少转机。在结尾处,我们本以为兔妈妈一家团圆了,故事就结束了,没想到兔妈妈还专门给大野狼先生准备了月饼,兔妈妈的善良深深地感动了我们,更让我们看到兔妈妈对生活的热爱。

基于绘本,结合中班幼儿的年龄特点,我们设计了以下活动,和孩子们一起看兔妈妈的故事,讨论中秋节的来源,感受中秋节的民间习俗。

活动一:中秋节快乐(偏语言领域)。中班幼儿在阅读绘本时会更仔细,他们开始关注画面中的细节,会因绘本中某一细节特征反复阅读而引发讨论,表达自己的观点和想法。基于此,我们在此篇教学活动中融入了故事排序的内容,引导幼儿仔细观察画面,通过兔妈妈篮子里食材的变化,给打乱的图片排序,并引导幼儿在理解故事的基础上用较连贯的语句清楚表达,从中感受兔妈妈的爱与善良。

活动二:逛月饼店(偏科学领域——数学)。在看到兔妈妈为孩子们做的爱心月饼后,我们将以月饼为载体,融入数学活动。中班幼儿会手口一致地进行点数,对数字和数数有进一步探究的兴趣。在逛月饼店中,我们会引导幼儿观察月饼的不同排列方式,用更科学有趣的方式数数,在玩一玩、说一说的过程中感知数数的有趣和有用。

活动三:参观中秋馆(偏社会领域)。关于中秋节我们想了解的不仅只有月饼,还有很多有趣的习俗和传说。在本次活动中,幼儿能通过视频、图片和实物等方式更为直观地感知中秋节的起源和相关习俗,感受中华文化的源远流长。

活动四:做月饼(偏艺术领域——美术)。在幼儿有了阅读兔妈妈给小兔子们做月饼的经验后,我们在教室里也为幼儿提供了丰富的食材,引导幼儿尝试动手做月饼。活动中幼儿不仅需要通过搓、揉、按压等手部动作来做月饼,促进精细动作的发展,更能在这样的过程中,感受中秋节团圆的热闹氛围。

活动五:爷爷为我打月饼(偏艺术领域——音乐)。《爷爷为我打月饼》是一首耳熟能详的歌曲,歌词为叙事童谣体,朴素、亲切,曲调明快、活泼,有较强的民谣风。全曲共分为四个乐句,总体节奏基本稳定,只有第三乐句节奏稍有变化,使曲调变得亲切和抒情。本活动建议放在"做月饼"活动之后开展,在做完了月饼后幼儿更容易感受歌曲中欢快、活泼的情感。

活动六:猴子捞月亮(偏健康领域)。月亮一直是中秋的话题,因此本次活动我们围绕"猴子捞月亮"的游戏展开。中班幼儿活泼好动,平衡能力进一步发展,在猴子捞月亮的运动游戏中,我们通过多个环节设计,层层递进,帮助幼儿在游戏中慢慢感受到保持身体平衡的秘密。随着游戏的开展,难度提高,我们鼓励幼儿尝试多人合作,帮助幼儿在游戏中感受合作和成功带来的快乐。

活动七:兔儿爷(偏艺术领域——美术)。小兔子的形象一直深受幼儿的喜爱,很多幼儿家里都有各种各样兔子造型的玩具,也时常会和爸爸妈妈一起去农场亲近小兔子,基于幼儿对兔子的丰富经验,教师在本次活动中融入了一个对幼儿来说既熟悉又陌生的"玩具"——兔儿爷,想必会引起幼儿的兴趣。兔儿爷是民间手工艺品,它具备兔首人身的独特造型,端庄威武但又稚气可爱,因此本次活动我们将围绕兔儿爷开展,帮助幼儿体会民间泥塑独特的造型之美。

活动一:中秋节快乐(偏语言领域)

活动目标:

1. 仔细观察画面,能用较连贯的语句讲述兔妈妈收集食材的过程。
2. 体会绘本的幽默风趣,感受兔妈妈的善良品质。

活动准备:

物质准备:教学 PPT(绘本内容);图片若干份(每一份由绘本第一页至"夕阳西下,兔妈

妈提着菜篮子回家了"一页组成,用于幼儿自主阅读和排序,建议 2～3 位小朋友一份,
其中图片内容及数量可根据幼儿经验水平选取);展示板(根据分组情况为每组幼儿提
供一块展示板,用于呈现幼儿自主阅读后图片排序的情况);轻音乐。

经验准备:知道中秋节是个与家人团圆的日子。

活动过程:

一、活动导入——通过"圆"引出中秋节

教师出示一个圆圈的图片,激发幼儿想象。

师:小朋友们,猜猜这是什么?(是一个圆/可能是一个甜甜圈吧/可能是一个车轮)

师:如果给这个圆加上一层淡淡的黄色,它变成了什么?(像一个圆圆的饼)

师:如果再加一层"晕",现在它变成了什么呢?(我知道了,是月亮)

> 小结:是的,它变成了一个月亮。八月十五中秋节到了,今天的月亮真圆啊!

二、基本活动——仔细观察、阅读绘本

过渡:这是个与家人团聚的日子,兔妈妈为了迎接晚上要回来吃饭的兔宝宝,一早就开
始准备晚餐了。(教师出示图书封面)今天我们就一起来了解一下这个既有趣又有爱的
故事,故事的名字叫——《中秋节快乐》。

(一) 分组阅读绘本第一部分并排序

师:2 个或 3 个人一组,老师给每组小朋友都准备了一份绘本里的图片,但是顺序乱了,
每组小朋友拿到图片后要仔细观察图片内容,一起给它们排排序,看看兔妈妈先后准备
了哪些食材。图片顺序排好后可以放在展示板上,当音乐结束的时候,我们回到座位上
来分享各自的发现。

1. 幼儿自主阅读图片

阅读过程中,教师巡回指导并关注:

(1) 幼儿观察图片中兔妈妈篮子里食材变化的情况。

(2) 观察并猜测幼儿排序时的依据。

(3) 提醒幼儿轻声交流。

2. 交流分享

师:小朋友们已经按照自己的想法在展板上排好序了。(教师呈现幼儿的展示板)

重点提问 1:谁来跟我们说一说,兔妈妈收集了哪些食材?(兔妈妈拔了萝卜/兔妈妈收
集了红果子/还有蜂蜜)

重点提问 2:你们是怎么排的,为什么这么排?(我们是这样排的,空篮子是放最前面
的/接着有胡萝卜,后来又多了红果子)

重点提问 3:兔妈妈篮子里的食材从开始到结束有什么变化?(兔妈妈的篮子里食材越
来越多了/后面篮子里的食物比前面的多,到后来做月饼的材料都收集齐了)

小结：兔妈妈收集了很多食材,拔了胡萝卜,向小刺猬收集了红果子,向松鼠收集了松果,小蜜蜂送了蜂蜜罐子,河狸大叔送了两只模子,最后兔妈妈用胡萝卜换了一袋面粉。通过观察兔妈妈篮子中食材的变化来排序真是一个好办法!(师幼共同梳理,鼓励幼儿按照排序内容进行大胆讲述,说清楚兔妈妈收集食材的过程及排序的理由)

(二) 师幼共同阅读绘本第二部分,感受兔妈妈的善良

1. 出示兔妈妈做月饼的图片

过渡：兔妈妈收集食材后做了什么?(兔妈妈用收集来的食材做了月饼)

师：是的,兔妈妈的手很巧,揉面、放馅儿、包好、压模子。美味的月饼做好了,孩子们回来了,一家人高兴地吃着又香又甜的月饼。

2. 阅读绘本后半部分

过渡：故事中谁一直跟着兔妈妈?(一只狼/是大野狼)它想干什么?(大野狼想吃掉兔妈妈)那兔妈妈是怎么对待大野狼的呢?(兔妈妈一点也不害怕大野狼)

师：那我们一起来看看接下来发生了什么?(兔妈妈送给大野狼月饼/大野狼在吃月饼)

3. 分享交流

重点提问：你们喜欢兔妈妈吗,为什么?(喜欢/因为兔妈妈为小兔子做了很多好吃的/兔妈妈还给大野狼先生送了月饼)

小结：在这个中秋团圆的日子里,兔妈妈一家团圆了,善良的兔妈妈还寄了月饼和一封信给大野狼先生,祝大野狼先生中秋节快乐!

(三) 完整讲述并欣赏故事

三、活动结束

师：这是大野狼先生的第一个中秋节,猜猜第二个中秋节,大野狼先生会如何度过呢?(大野狼也会邀请兔妈妈吧/大野狼可能也会邀请其他小动物一起过中秋节)

鼓励幼儿对《中秋节快乐》的后续活动进行想象和续编。

活动设计者：汲克玲(华东师范大学附属紫竹幼儿园)

活动二：逛月饼店(偏科学领域——数学)

活动目标：

1. 在"逛月饼店"的游戏情景中,感知不同的数数方法。

2. 喜欢参与"数月饼"的活动,体会数数的快乐。

活动准备：

物质准备：教学 PPT；椅子若干(每张椅子上面贴有不同颜色的"点点"，如贴"4 个蓝点点""3 个黄点点"等)、自制"车票"若干(车票的颜色和上面的数字与椅子上的颜色和点数对应)、月饼店展示板若干(上面贴有各种口味的月饼，可见附件)。

经验准备：已有逛商店、吃月饼的生活经验。

活动过程：

一、活动导入——点数对应，初步感知数

导入：中秋节要到了，商场里的月饼店可热闹了，我们坐上巴士一起去月饼店看看吧！上车时每人一张车票，看清楚车票，找到自己的位子。

重点提问：你拿到的是什么车票？(红色的车票，上面有数字 3)应该坐在哪个座位上？(应该坐这里，因为这个椅子上有 3 个红色的点点)

小结：原来颜色对应，数字也对应，才能找到自己的位子。

待全体幼儿找到座位后，教师以"检票员"身份"检票"验证。

二、基本活动——感知并运用不同的数数方法

(一)感知不同的数数方法

1. 数月饼，感知 5 以内的数量

教师呈现胡萝卜月饼、香蕉月饼、蛋黄月饼、草莓月饼、西瓜月饼图片。

重点提问：月饼店的月饼可多了，我们一起来看一看有哪些月饼，数一数一共有几种？(5 种)

教师将 5 种月饼"隐退"。

师：月饼消失了，你还记得排在第三个的是哪种月饼吗？(是蛋黄月饼)

小结：你们真棒！仔细看、动脑记，就能把看到的月饼记清楚。

2. 数胡萝卜月饼，尝试从头开始依次数

过渡：我们继续来买月饼，看看前面还有什么月饼？(胡萝卜月饼/是小兔子爱吃的)
PPT 中呈现一排胡萝卜月饼，其中从左往右第四个月饼较其他月饼而言是"小月饼"。

重点提问：有几个胡萝卜月饼？(5 个胡萝卜月饼)胡萝卜月饼中有几个大月饼，几个小月饼？(4 个大月饼，1 个小月饼)第几个是小月饼？(第 4 个是小月饼)

师：你们数得真清楚，都是怎么数的呢，有什么数数的好方法吗？(我是从头开始数的/一个一个数就不会数错了)

待幼儿数数后师幼共同进行验证：最左端的胡萝卜月饼上方呈现一个小红点，引导幼儿可以"从头开始数"。(个别幼儿习惯从右端开始数，教师亦可进行鼓励，给予幼儿相应的支持)

小结：从头开始数，数一个，点一下，一个接着一个数，这样就能数得更清楚。

3. 数香蕉月饼，尝试用不同的方法数，不多数不漏数

过渡：看看接下来会出现什么口味的月饼！

PPT 中呈现两排月饼，上三下四，其中一个是小月饼。

重点提问：一共有几个香蕉月饼？(7 个)你是怎么数的，还能怎么数？(先数上面一排，再数下面一排/我是先数下面一排的/我是上面数一个下面数一个，再上面数一个下面数一个这样数的)

小结：嗯，数数的方法有很多，不管用什么样的方法，不多数不漏数，这样就能把月饼数清楚。

师：这些香蕉月饼都一样吗，第几个月饼不一样？(不一样/第二排的第二个月饼和其他月饼不一样，它是小月饼)

小结：确实，说清楚第几排、第几个，就能准确地找到小月饼的位置。

(二) 分组逛月饼店，巩固数数的方法

1. 幼儿分组逛月饼店

过渡：月饼店里还有草莓月饼、西瓜月饼、苹果月饼、葡萄月饼，很多地方可以去逛逛，而且每种月饼的数量都不一样，等会儿你们可以找个朋友一起去看一看、数一数。(4种水果月饼排列方式如附件所示，通过展示板的形式呈现给幼儿)

幼儿分组开展活动。

2. 分享交流

重点提问：你找到了哪种月饼，有几个，你是怎么数的？

➤ 草莓月饼(5 个)

(草莓月饼有 5 个/草莓月饼有一排/从左往右数，一个一个数)

师：从左开始，一个接着一个数，这个数数的办法真棒！

➤ 西瓜月饼(7 个)

(西瓜月饼有 7 个/从这个开始，然后要记住，不能重复)

师：这个办法真不错！它们排成了一个圆圈，要先找到第一个，记住它的位置，数到最后一个数完就需要停了，不多数。

➤ 苹果月饼(6 个)

(苹果月饼有 6 个/两个两个一起数，2，4，6)

师：没错，数数不一定一直一个一个数，也可以两个两个数，把它数清楚。

➤ 葡萄月饼(7 个)

(葡萄月饼有 7 个/先数上面一排，4 个，再数第二排，5，6，7)

师：这个办法也很不错，遇到分开摆放的，不要着急，一排数完接着数下一排。

小结：你们真棒，数月饼的时候又认真又仔细，不仅用了不同的方法，更重要的是没有多数也没有少数。

三、活动结束

师：今天逛月饼店玩得开心吗？你们不仅看到了很多不同种类的月饼，还发现了数数的秘密。用不同的方法数数，能帮助我们数得又快又好。让我们下次再来月饼店里玩吧！

附：4种水果月饼排列方式

1. 草莓月饼：一横排排序

· · · · ·

2. 西瓜月饼：圆形排序（10个以内）

3. 苹果月饼：两个一排

· ·

· ·

· ·

4. 葡萄月饼：上四下三

· · · ·

· · ·

注：月饼数量和呈现形式可根据幼儿实际能力进行调整。

活动设计者：汲克玲（华东师范大学附属紫竹幼儿园）

活动三：参观中秋馆（偏社会领域）

活动目标：

1. 初步了解中秋节的起源及相关习俗，知道中秋节是中华民族的传统节日。

2. 乐于参与相关活动，喜欢中秋传统节日。

活动准备：

物质准备：教学 PPT（内含中秋节起源的视频，各种习俗、美食图片，中秋节有关的诗歌音频）；纸质图片若干（包含拜月、赏月、赏桂花、吃月饼、喝桂花酒等内容）；天灯 1 个。

经验准备：活动前调查过中秋节的相关习俗、美食。

活动过程：

一、活动导入——出示图片并引出关于中秋节的讨论

教师提供若干中秋节纸质图片：拜月、赏月、赏桂花、吃月饼、喝桂花酒等。

师：今天老师给你们准备了很多有意思的图片，选择一张你喜欢的，然后坐下来和你旁边的好朋友说一说图片上是什么，可能和什么节日有关？（吃月饼，中秋节要到了/这是中秋节的图片）

重点提问：你拿到的图片里有什么？为什么要在中秋节……

➢ 月饼

（月饼/月饼是圆的，和月亮一样/月饼就是团圆的意思）

师：是的，月饼就是圆圆的，就像十五的月亮一样圆圆的，象征着希望家人团圆的美好愿望。

➢ 喝桂花酒

（喝桂花酒/因为中秋节的时候桂花都开了，可以用来酿酒）

师：劳动人民最有智慧了，落下的桂花可以用来酿酒，既不浪费又很美味。

　　小结：我们中华民族的传统节日——八月十五中秋节就要到了，八月十五的月亮非常圆，古时候人们便有拜月、赏月、赏桂花、吃月饼、喝桂花酒等传统活动，流传至今，经久不息。

过渡：今天我们要去参观中秋馆，里面有很多关于中秋节的有趣的事。让我们一起走进中秋馆吧。

二、基本活动——参观中秋馆

（一）起源馆

1. 师幼讨论

重点提问：中秋节起源于什么时候呢？（很久以前）为什么会有中秋节？（为了大家团圆）

师：中秋节的起源是一个很美丽的故事，我们一起来看看吧。

2. 播放中秋节起源的视频

　　小结：关于中秋节的起源，流传最广的传说就是我们刚刚看到的嫦娥奔月的故事。

（二）拜月馆

过渡：看完了传说，我们接着往下看，我们一起来逛逛拜月馆。

教师播放 PPT 拜月图片。

重点提问：什么是拜月？为什么要拜月？（拜月就是对着月亮许愿，希望自己变得漂亮）

> 小结：从以前到现在，多为年轻的女生拜月，她们在八月十五这一天向月亮许愿，希望自己越长越漂亮。

（三）祭月馆

教师播放 PPT 祭月图片。

过渡：看完了拜月，还有一种和月亮有关的习俗，叫祭月。

重点提问：祭月又有什么特殊的含义呢？（祭月是给月亮送好吃的/也是向月亮许愿）

师：猜猜人们会许什么愿望？（希望小孩要快快长大，要健康/希望爸爸回来一起吃饭）

> 小结：人们希望通过祭月期盼农田丰收、家人平安健康，祭月表达了人们对生活的美好期盼。

（四）天灯馆

过渡：除了月亮，还有一样好玩的东西，你们看——天灯。

教师出示天灯，幼儿观察。

重点提问：你们见过放天灯吗？为什么要放天灯？（见过，点火以后会飞上天空/放天灯可以送祝福）

> 小结：当亲人在外不能和家人团聚时，人们会在天灯上写上自己的祝福和思念，然后点燃天灯，放向天空，希望远在天涯海角的亲朋好友能收到自己的祝福。放天灯是一种古老的活动，深受人们喜爱。（适当提示现在由于考虑环境污染和安全问题，这种习俗已经不太被鼓励）

（五）美食馆

过渡：说了这么多好玩的，中秋节还有很多好吃的。

教师播放 PPT 美食图片。

重点提问：中秋节的美食你们知道有哪些吗？（月饼/桂花糕/桂花酒）

> 小结：在这个美好的日子里，人们会吃符合节日气氛的美食，如月饼和桂花酒等。

三、活动结束——诗歌里的中秋节

过渡：逛到这里，我们的中秋馆快要逛完了。刚刚我们一起看到了这么多关于中秋节的习俗，相信你们了解中秋节之后，对中华民族的传统节日——中秋节会更加喜爱！

师：我们的中秋节文化源远流长，不仅有那么多传统习俗，还有很多朗朗上口的诗歌吟诵中秋节。我们一起来听听看。

教师播放中秋节诗歌音频。

小结：中秋节是我们中华民族特有的节日，是我们中华民族弥足珍贵的文化遗产。有些在远方的亲人会向月亮寄托自己的思乡之情，这么美好的节日，这么美好的文化，真是让我们越来越爱中秋节了。

附拓展知识：

拜月：

相传古代齐国丑女无盐，幼年时曾虔诚拜月，长大后，以超群品德入宫，但未被宠幸。某年八月十五赏月，天子在月光下见到她，觉得她美丽出众，后立她为皇后，中秋拜月由此而来。月中嫦娥，以美貌著称，故少女拜月，愿"貌似嫦娥，面如皓月"。

祭月：

我国人民在古代就有"秋暮夕月"的习俗。夕月，即祭拜月神。到了周代，每逢中秋夜都要举行迎寒和祭月。设大香案，摆上月饼、瓜果等祭品，在月下，将月亮神像放在月亮的方向，红烛高燃，全家人依次拜祭月亮，然后由当家主妇切开团圆月饼。切的人预先算好全家共有多少人，在家的，在外地的，都要算在一起，不能切多也不能切少，大小要一样。

中秋节诗歌：

苏轼：但愿人长久，千里共婵娟。

白居易：西北望乡何处是，东南见月几回圆。

活动设计者：汲克玲（华东师范大学附属紫竹幼儿园）

活动四：做月饼（偏艺术领域——美术）

活动目标：

1. 能用搓、揉、按压等动作完成月饼的制作。
2. 在制作月饼的过程中感受中秋节团圆的美好氛围。

活动准备：

物质准备：教学 PPT（内含制做月饼的步骤图）；面团、豆沙、咸蛋黄等馅料，模子若干，展示板（用于展示制做月饼流程图），背景音乐。

经验准备：吃过月饼。

活动过程：

一、活动导入——谜语引出月饼

师：今天老师给你们带来一个谜语，听一听、猜一猜，谜底会是什么？圆圆墩墩一块饼，造型不一喜盈盈，只因和月心相应，吃饼还需看月明。（月饼）

小结：是的，圆圆的、有点胖墩墩的，是我们在中秋节常吃的月饼。

过渡：中秋节要到了，今天我们就一起来做月饼吧。

二、基本活动——制作月饼

(一) 回顾制作月饼的基本方法

师：还记得上次兔妈妈是怎么做月饼的吗？（先把面皮搓圆了，然后压扁/放一点馅儿在中间，再包起来/包起来以后要放进花模子里，再轻轻取出来）

教师根据幼儿的回答出示相应的图片，逐步展示制作月饼的步骤图。

小结：准备好面团，将面团搓圆压扁，再将馅儿包进面团并放入模子中，压实，轻轻取出，圆圆的有点胖墩墩的月饼就完成了！

(二) 尝试制作月饼

(幼儿制作前先洗净双手)

1. 认识工具

师：老师给你们准备好了材料和工具，这些你们都认识吗？（认识，这是面团，是做月饼的皮/这些是馅儿，豆沙和蛋黄/这些是花模子）

过渡：所有做月饼的材料我们都有了，面团一次拿一个，选择一种你喜欢的馅儿和一个你喜欢的模子去试试吧。音乐结束时，要带着你们做好的月饼回来哦。

2. 播放音乐，幼儿制作月饼，教师巡回关注并指导

(1) 观察幼儿将馅儿放入面团中，包裹好馅不外露的情况。

(2) 指导幼儿感受放多少馅儿合适，将馅儿放在饼皮中间，四周向中间捏合，多次反复。

(3) 提醒幼儿轻声交流。

3. 音乐结束，幼儿带着月饼回到座位

(三) 交流分享

重点提问 1：你做了什么月饼？有什么特别的地方吗？（我做的是豆沙月饼，用了有花的模子，我希望我的月饼像花一样美味香甜/我做的是蛋黄的，因为蛋黄也是圆的，我希望我们一家人一直在一起，团团圆圆）

小结：你们做了不同口味的月饼，月饼上的花纹也很丰富，听了你们的介绍，老师真是太喜欢你们的月饼了，这是团圆的月饼。

重点提问 2：你最想把月饼送给谁？为什么？（送给爸爸妈妈，因为和爸爸妈妈在一起很幸福/送给爷爷奶奶和爸爸妈妈，大家一起吃，一家人分享很开心）

小结：你们每个人做的月饼都是独一无二的，有不同的口味和造型，不管送给谁，都代表团圆之意。

三、活动结束

师：今天你们做的月饼老师会送去食堂焙烤，放学时你们可以带着制作完成的月饼回家，一起和家人分享吧！

活动设计者：汲克玲（华东师范大学附属紫竹幼儿园）

活动五：爷爷为我打月饼（偏艺术领域——音乐）

活动目标：

1. 尝试用自然、好听的声音演唱歌曲。

2. 积极参与音乐活动，感受歌曲欢快、活泼的情感。

活动准备：

物质准备：歌曲《爷爷为我打月饼》音频、视频，歌曲图谱（可根据每句歌词内容选择适宜的图片作为图谱内容），展示板（用于呈现图谱内容）。

经验准备：听过红军爷爷的相关故事；有演唱歌曲的相关经验。

活动过程：

一、欣赏歌曲，理解歌曲内容

导入：老师给小朋友们准备了一首关于中秋节的歌，仔细听一听，歌曲里面唱了什么？

1. 教师播放歌曲音频，幼儿完整欣赏歌曲《爷爷为我打月饼》

重点提问：歌曲给你什么样的感觉？（歌曲很好听/听上去很开心、很高兴）歌曲中唱了什么，说了一件什么样的事情？（爷爷在为我打月饼/是八月十五日发生的事情/爷爷亲我了/爷爷是个老红军）

幼儿回应歌词内容，教师通过清唱的方式回应幼儿。

2. 再次倾听歌曲，进一步理解歌曲的内容

师：我们再仔细地听一听，歌曲中除了刚才讲到的事情之外，还唱到了什么？（我唱歌给爷爷听/把月饼献给爷爷吃/一块月饼一片心）

教师根据幼儿回应出示图谱。

3. 互动交流，解决疑问

重点提问：听了这首歌，小朋友们还有什么疑问吗？

二、学唱歌曲，感受歌曲所表达的情感

1. 幼儿跟着图谱和音乐，尝试和教师一起有节奏地念唱歌词（可引导幼儿有感情地念出怀念红军爷爷及革命前辈的深情厚意）

2. 师幼尝试跟随音乐共同演唱

师：我们看着图谱，跟着音乐一起唱唱试试。

3. 分句或分段学唱歌曲

教师根据幼儿演唱难点分句或分段演唱歌曲。

4. 尝试完整演唱

5. 尝试用好听的声音、欢快的情绪演唱，感受歌曲欢快的音乐旋律和节奏

6. 鼓励幼儿分组演唱

三、尝试用动作表达自己对歌曲的理解

1. 尝试跟着歌曲的节奏和内容边唱边做动作，进一步加深对歌曲的理解

2. 播放歌曲视频

师：我们一起看着表演再来听听这首歌吧！

活动设计者：白翎（华东师范大学附属紫竹幼儿园）

活动六：猴子捞月亮（偏健康领域）

活动目标：

1. 能在"树桩"上使用各种姿势站立，保持身体平衡。

2. 尝试小组合作，体验合作游戏的快乐。

活动准备：

物质准备："树桩"若干（叠叠凳或小椅子——可根据幼儿实际情况选择适宜高度的叠叠凳或小椅子）；月亮图片若干；起点线和终点线。

经验准备：欣赏过故事《猴子捞月》。

活动过程：

一、热身活动

师：今天我们是活泼的小猴子，一起动起来吧！

（幼儿随教师在"小猴情境"中开展热身活动：绕圈跑动、后退走、单脚站立、原地转圈后往前走、尝试闭眼行进等）

二、基本活动——猴子捞月亮

（一）挑战"树桩"

场地布置："树桩"分成2组相对摆放，每组"树桩"数量较多于幼儿人数。

游戏规则：幼儿听到哨声后跑至对面"树桩"上做相应动作。

过渡：小猴子非常灵活，能在树丛中上蹿下跳，不会摔下来。今天老师给你们准备了"树桩"，你们能像小猴一样保持身体平衡吗？

1. 幼儿听到哨声后跑至对面"树桩"上双脚站立

2. 幼儿听到哨声后跑至对面"树桩"上双脚站立，而后下蹲

3. 幼儿听到哨声后跑至对面"树桩"上单脚站，并持续若干秒钟

4. 幼儿听到哨声后跑至对面"树桩"前，原地转3圈后至"树桩"上单脚站立若干秒钟

重点提问：怎么样才能更好地保持身体平衡？（两只脚要站稳了，不能乱动/手臂可以张开，这样身体更稳）

> 小结：双手张开，双脚稳稳站立，能帮助我们更好地保持身体平衡。

（二）尝试合作捞月亮

1. 小组合作捞月亮

场地布置：设置起点和终点，在终点处摆放若干月亮图片。

游戏规则：幼儿3人一组，每组幼儿4个"树桩"，借助"树桩"从"此岸"至"对岸"捞月亮。过程中幼儿只能站在"树桩"上，不能掉落，如有掉落，可从头开始，3人均到达"对岸"后，该组获胜。

师：3只小猴4个"树桩"，想想怎么才能让你们队的小猴全部安全到达"对岸"捞到月亮呢？去试试吧！

各组幼儿借助"树桩"尝试从"此岸"至"对岸"捞月亮。

重点提问：你们3只小猴是怎么到"对岸"捞到月亮的？（要踩在"树桩"上，不能掉下来，3个人要挨在一起，贴近一点，然后把最后面的"树桩"递到最前面，我们就可以走到前面了/要站稳，三个人抱 起，不能掉下去）

> 小结：每组3只小猴一起，稳稳地站在"树桩"上，并传递剩余的一个"树桩"，慢慢前行，前行至"对岸"，一只小猴也不落下，才能取胜。

2. 捞月亮比赛

游戏规则：根据幼儿人数，将班级幼儿平均分成2队进行游戏，2组小猴同时开始游戏，借助"树桩"前行至"对岸"（每组队伍的"树桩"数量比该队幼儿人数多1），所有小猴都到达"对岸"捞到月亮后为胜。

师：每队的小猴人数增加了，怎么样才能够帮助队里的所有小猴又快又稳地到达"对岸"呢？

2组幼儿借助"树桩"尝试从"此岸"至"对岸"捞月亮。

重点提问：你们队是如何又快又稳到达"对岸"捞到月亮的？（我们把"树桩"从最后传到了最前面，传的时候要抓牢它，不能掉/我们站在"树桩"上手拉手，这样就不会掉下去/

要相互帮助,保持平衡不掉落,这样才能成功)

> 小结:每只小猴在传递"树桩"的时候都非常关键,很多小猴在"树桩"上相互帮助, 手拉着手,所以站得更稳,最终快速地到达了对岸!

三、放松活动

1. 师幼共同做放松活动,模仿小猴子相互拍拍腿、揉揉背

2. 师幼共同整理游戏材料

活动设计者:汲克玲(华东师范大学附属紫竹幼儿园)

活动七:兔儿爷(偏艺术领域——美术)

活动目标:

1. 初步了解兔儿爷的来历,发现兔儿爷兔首人身的独特造型。

2. 乐意在欣赏兔儿爷过程中大胆表达自己的想法和感受,体会民间泥塑的造型美。

活动准备:

物质准备:兔儿爷玩具若干,兔儿爷照片和小兔子照片各一张。

经验准备:见过兔子灯等中秋节的玩具。

活动过程:

一、调动经验,激发兴趣

导入:小朋友们,你们见过哪些和兔子有关的玩具?(我家有毛茸茸的小兔子玩具/我有一个会唱歌的小兔子/前两天妈妈给我买了兔子灯)

> 小结:小朋友们的生活中有很多与兔子有关的玩具,大家也都很喜欢兔子。

二、仔细观察,感受兔儿爷兔首人身的独特造型

1. 感知兔儿爷

过渡:今天老师给你们带来了一个与众不同的兔子玩具,你们知道它的名字吗?(它也是小兔子玩具,但它和毛茸茸的小兔子不一样/我还不知道它的名字)

重点提问:摸一摸它,猜猜它是用什么材料做的?(它可能是石头做的/它是泥土做的/它也有点沉沉的)

> 小结:它叫兔儿爷,用泥做的,它是中国民间的泥塑作品,也是北京的地方传统手工艺品。

2. 对比发现

重点提问:仔细看一看,这个兔儿爷是什么样子的?(它有点像人的样子/它有点特殊)

教师出示兔儿爷照片和真实的小兔子照片,引导幼儿仔细对比。

师:它和你们见过的小兔子一样吗?它特殊在哪儿呢,哪里像兔子,哪里又不像兔子?

(它的脑袋是小兔子的样子,但是身体是人的样子)

> 小结:你们观察得很仔细,兔儿爷最与众不同的地方就在于它有兔子的脑袋和人
> 的身体,这样的造型我们也称之为"兔首人身"。

3. 说说感受

重点提问:看兔儿爷时,你有什么感觉?猜猜人们为什么要叫它兔儿爷?(兔儿爷很可
爱,因为小兔子是很可爱的/我也觉得兔儿爷很可爱,因为它的脸蛋肉嘟嘟的/它是兔子
爷爷吗)

> 小结:兔儿爷非常可爱,所以一直受人们的喜爱;以前人们相信兔儿爷是天宫的神
> 兔,所以百姓都会在祭祀的时候供奉它,因此也叫它"爷",表示非常尊敬它的意思。

三、交流发现,进一步感受兔儿爷多样的造型

教师出示不同造型的兔儿爷。

重点提问1:这些兔儿爷一样吗?哪里一样,哪里不一样?(它们穿的衣服不一样/它们
骑着不同的动物)

重点提问2:你喜欢兔儿爷吗?(我喜欢兔儿爷,我也想要一个兔儿爷/我也喜欢兔儿
爷,它很漂亮)

> 小结:这些兔儿爷被雕刻成不同的造型,有的变成了金盔金甲的武士,有的骑着
> 狮、象等猛兽,有的骑着孔雀、仙鹤等飞禽,这是它们之间的区别。但这些兔儿爷都
> 是兔首人身的造型,兔儿爷经过民间艺人的大胆创造,都非常有特点,大家也都非
> 常喜欢兔儿爷!

活动延伸:

1. 进一步了解兔儿爷的故事。

2. 尝试用泥塑或彩泥捏一捏兔儿爷兔首人身的造型。

3. 寻找埃及狮身人面像、海的女儿美人鱼等相似艺术表现形式的作品供幼儿欣赏。

附拓展知识:

兔儿爷是北京的地方传统手工艺品,属于中秋节应令的儿童玩具。每逢中秋节,北京城
里的百姓都会供奉兔儿爷。这一习俗源自明代,后来兔儿爷转变成儿童的中秋节玩具。
有人仿照戏曲人物,把兔儿爷雕造成金盔金甲的武士,有的骑着狮、象,有的背插纸旗或
纸伞,或坐或立,讨人喜欢。

人们按照月宫里有嫦娥玉兔的说法,把玉兔进一步艺术化、人格化,乃至神化之后,用泥
巴塑造成各种不同形式的兔儿爷。明清以来,月宫玉兔逐渐从月崇拜的附属物中分离

出来,在祭月仪式中成了独立的形象,并逐渐丰富。兔儿爷兼具神圣和世俗的品性,融祭祀和游乐的功能于一体。如今兔儿爷已经成为最具代表性的北京非物质文化遗产之一。

活动设计者:汲克玲(华东师范大学附属紫竹幼儿园)

绘本剧:《中秋节快乐》

人物:兔妈妈、大兔子、小兔子、大野狼、刺猬、松鼠、小蜜蜂、河狸大叔、鸭妈妈、若干只小鸭子、农民

时间:中秋节

地点:野外、兔子家

【舞台上有大树、花草,田地里还长着萝卜。轻快的音乐中兔妈妈挎着篮子上场。

兔妈妈:(高兴)今天呀是中秋节,我的两个宝贝要回家过节,我得赶快去准备食物,晚上与宝贝们吃个团圆饭。(兔妈妈在台上一边走一边寻找食物,看到地里的萝卜)对,我先拔几个萝卜,我家宝贝最爱吃萝卜了。(拔萝卜)

【大野狼悄悄上场。

大野狼:(沮丧)今天呀是中秋节,可我还没吃到一点东西,肚子饿得咕咕叫。(突然看到了在拔萝卜的兔妈妈)咦?是只白白嫩嫩的兔子!(开心)呀呀呀,(流口水状)真是来得早不如来得巧,我可以美餐一顿了。哈哈!(怕被兔妈妈听到赶紧捂住嘴,悄悄地靠近正在拔萝卜的兔妈妈)

兔妈妈:(用力拔出萝卜)哇,好鲜嫩的萝卜!(拍拍手上的泥土离开)

大野狼:(扑过去时兔妈妈正好离开萝卜坑,大野狼踩到萝卜坑上摔了个四脚朝天。痛得惨叫)啊——哟!(音效)

(兔妈妈往前走,大野狼爬起来又悄悄跟上,兔妈妈转了一圈来到果园,看见刺猬妈妈身上刺满红果子)

兔妈妈:(热情)刺猬妈妈,你好!

刺猬妈:兔妈妈,你好!你也是出来准备中秋节的食物吧?我刚收集了很多红果子,送给你一些吧。

兔妈妈：哟，红红的果子真好看，谢谢你了，刺猬妈妈。（把刺猬妈妈身上的红果子拿下放入篮子）

大野狼：（躲在一旁）这红果子太诱人了，恨不得一口吞了。（转而一想）哦，不不不，刺猬那全身的刺太吓人了！

兔妈妈：这么好的果子做成什么美味呢？

刺猬妈：红果子可好吃了，你带回家吃吧。我也要回家了，兔妈妈再见！

【刺猬下场。

兔妈妈：再见！（兔妈妈来到松树林，大野狼悄悄跟上）

松鼠妈：（拿松果砸狼）贼头贼脑的东西！好吃懒做的东西！（大野狼抱头躲开）

兔妈妈：（招呼）松鼠妈妈，你好！你摘松果啊！

松鼠妈：是啊是啊，今天中秋节，松果送些给你带回家过节吧。（递松果给兔妈妈）

兔妈妈：太谢谢你了！这些松子做成酱，一定又香又甜。

（兔妈妈道过谢继续往前走，经过花丛，大野狼又跟过来。花丛里有蜜蜂在）

蜜蜂：（热情）兔妈妈，你好！我酿了很多甜蜜，今天中秋节，送一罐给你过节吃。

兔妈妈：（高兴）太好了，谢谢勤劳的小蜜蜂！这么甜的花蜜怎么吃才最好呢？

大野狼：（快速窜出）我知道怎么吃，给我给我！（抢罐子）

蜜蜂：你这贪吃的家伙，总是抢别人的东西，滚开！（蜜蜂蜇大野狼，赶走它）

兔妈妈：（感激）小蜜蜂，谢谢你的花蜜，再见！

（兔妈妈继续往前走，大野狼远远跟着，来到小河边。河狸大叔在弄花模子）

兔妈妈：（招呼）河狸大叔，在忙啥呀？

河狸大叔：（抬头）哦，是兔妈妈，来来来，送你两个花模子。

兔妈妈：哟，河狸大叔，这花模子这么漂亮，一定能派上用场。谢谢你了！

河狸大叔：不客气！

兔妈妈：真的太高兴了，有了这么多食材，赶快回家做晚饭吧。

（兔妈妈经过一个农家小院，大野狼躲在院子栅栏后面。看见鸭妈妈带着小鸭子走过来）

兔妈妈：鸭妈妈，你们要去哪儿呀？

鸭妈妈：今天中秋节，我们正准备要回家过节呢。孩子们快走吧。

小鸭们：走了，走了，兔妈妈再见！

【鸭妈妈带着小鸭下场。

兔妈妈：再见！（转身对着院里喊）有人吗？

【院子主人出场。

院子主人：（出来）来啦来啦，是兔妈妈啊，请问你有什么事？

兔妈妈：你好！（从篮子里拿出两根萝卜）可以用它们与你换一些面粉吗？

院子主人：可以的。（接过萝卜后拿出一小袋面粉递给兔妈妈）请拿好。中秋节快乐！

兔妈妈：谢谢你！

兔妈妈：（高兴）太好了，有了这么多食材，我知道晚饭可以给宝贝们做什么了。

【兔妈妈提着满满的一篮子食材回家。

大野狼：（哭丧着脸）太不公平了！为什么我一点食物也没得到？不行，我得跟到她家里，找机会吃上这些美食。

【舞台上的大树转过来变为树屋，有门。还有桌子、椅子。兔妈妈上场。

兔妈妈：终于到家了，我得赶快做晚饭。过一会儿两个宝贝就要回来了。

【音乐中，兔妈妈开始做月饼，两只小兔子背着书包上场。

小兔子们：妈妈，我们回来啦！（与兔妈妈拥抱）

兔子甲：好香啊，妈妈，你做什么好吃的？

兔子乙：是啊是啊，我也闻到香味了！

兔妈妈：孩子们，今天是中秋节，妈妈给你们做香香甜甜的月饼吃。

兔子们：月饼为什么会是香香甜甜的？它是怎么做的？

兔妈妈：你们听着：要先把蜂蜜倒进面粉里揉成面团，把红果子和松子做成馅，包进面皮里，再用模子印出图案，放在锅里烤熟。香香甜甜的月饼就出锅了。

兔子甲：哇！我都要流口水了！妈妈，快点做月饼吧。

兔子乙：是啊是啊，我们帮妈妈一起做月饼吧。

（播放歌曲《月饼歌》，兔妈妈与小兔子们跳"做月饼"舞蹈）

兔妈妈：月饼出锅啰！（端着月饼放桌上）

兔子们：吃月饼啰！（坐上桌伸手拿月饼）

兔妈妈：等一下。（拿了几个月饼放进小篮子，示意兔子乙拿给门外探头探脑的大野狼）

兔子甲：等等。（把写了"大野狼先生：祝你中秋节快乐！"的纸条放进篮子）

一家人：哈哈！（兔子乙把装着月饼的篮子放到门外给大野狼。大野狼冲出来抱起篮子飞奔而去）

兔妈妈：（开心）孩子们，你们都是善良、有爱、会分享的好孩子！中秋节快乐，宝贝们！

兔子们：中秋节快乐，妈妈！

（一家人端起胡萝卜汽水干杯）

剧终

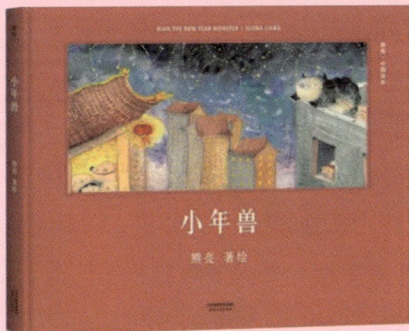

图 2-2-1

绘本 5：
《小年兽》

作　者:熊亮

出版社:天津人民出版社

相关信息:国际安徒生奖提名作家熊亮作品《熊亮·中国绘本》(全十册)之一，传统文化启蒙绘本，讲述原汁原味的中国故事。

一、绘本赏析

年的由来是一个中国传统的民间故事，回想我们童年听过的关于"年"的故事，总是略带血腥和恐怖，年兽喜欢在年尾吃人，但害怕红色和鞭炮，人们因此需要贴红春联、放鞭炮来"过年"。而读过作者熊亮的《小年兽》我们就会发现，这本绘本里的年兽打破了我们对年兽的刻板印象，形象上可爱呆萌极具儿童性，内容上让"年"的概念更具形象性和具体性，既保持了中国传统元素，又清新脱俗，读罢让人理解年的真正内涵，令人感觉这是一个充满温暖和爱的年，甚至不禁想对身边的人道声："新年快乐!"

读惯了以往关于年的故事，再来读《小年兽》，我们可能会有些意外：原来年是人们的孤独汇集而成，年来人间作乱是因为它非常孤独。作者将小年兽刻画成了一个害怕孤独、喜欢搞恶作剧的小孩，虽然它有四只眼睛、黑黢黢的身体、满嘴的獠牙，但它胖乎乎的身体和孤独的神情，不仅让人恨不起来，而且还有点同情它，甚至有点感同身受。它个是一个完全"恶"的形象，而是一个充满人性的多面体。一旦人们开始寻找办法摆脱孤独，小年兽就会变成一个红彤彤的好朋友，这是一个非常温情的结局，给人们传递出年的深层意义：年兽还会回来，孤独也会永远有，但是人们可以寻找方法驱赶孤独，我们中国人自己的方式就是过年。

在绘本《小年兽》中作者不仅讲述了年的由来和习俗，而且还向小读者们介绍了如何做好情绪调节。不仅描述了什么是孤独的情绪，而且还介绍了摆脱孤独的方式。冬天最冷的一天,小年兽就会跑出来吓唬落单的人,于是每到这一天人们就聚在一起,放鞭炮、挂年画、穿火红的衣服……过年有很多具有仪式感的行为,这些都跟小朋友的真实生活经验相联系,通过读绘本不仅可以加深这些生活经验,而且可以让这些生活经验、口头语言与书面语言相互对应,提高幼儿的感知、理解和表达。同时《小年兽》也是一本非常不错的情绪绘本,小年兽一旦看到孤独的人就会抓住他,让他更孤独,甚至充满怨气,简直要发狂,但是如果我们愿意接纳新朋友,主动联系老朋友,不要总是计较小恩怨,这样我们就可以驱走孤独的小怪兽,心里充满暖暖的爱。通过呈现孤独的后果让幼儿获得对孤独的认知,同时扩展学习一些调节孤独情绪的方法。在故事结尾人们跟孤独达成和解,孤独的小年兽也因为这份温情而重生,变得温暖和气。这个反转的结局也是全书最精彩的部分,当我们猜测故事的走向会是孤独的人会一直穷尽各种极端的方式把孤独赶走时,作者却用了温情的方式:跟小年兽说新年好。与小年兽和解也是与自己内心的孤独和解,比起一味逃避,正视内心的情绪才是化解它最好的方法。同时这个绘本还给了读者们一个哲学思考:到底是年兽让人孤独,还是孤独变成了年兽,年兽真的存在吗? 其实作者在故事的一开始就给出了答案,年兽来自人的内心,是人心底的孤独产生了年兽。愿我们每个人都能和自己内心的那个孤独的年兽和解。

作者熊亮一直致力于打造真正的本土原创绘本,并且提出了"纸上戏剧"的概念。绘本《小年兽》根植于中国传统文化和东方哲学,画面注重线条描画和墨色感,而故事情节和叙事表达却不受传统表达方式束缚,极具现代感,凝练、自然、富有幽默感和诗意。绘本精美,文字细腻,既保留了中国风,又不落俗套。

该绘本通过小年兽将春节进行形象化生动化的演绎,使得小朋友,甚至不同年龄、文化背景的读者都能进行多元的理解和解读,极具情感表现力。春节本是我们生活中习以为常的事物和现象,而《小年兽》这本绘本使我们用全新的视角来看待这个传说。对传说进行更加深入的了解可以让小读者知道"习俗"和"传说"的来源以及对人们生活的影响,探寻现象背后的本质和根源,更好地认识历史和世界,成为真正的思考者和阅读者。

二、《小年兽》主题活动设计

《小年兽》主题活动设计意图

又到了冬天最冷的时候了,每当到这时,离过年也就不远了。过年是中华民族最盛大的节日了,全国各族人民庆祝的方式都不一样,有的贴春联、有的放烟花、有的吃饺子、有的挂灯笼……还记得小时候除夕夜一家人围在一起,听爷爷奶奶说"年"的故事:"年"是个大怪兽,但是它最害怕红色,害怕鞭炮声,所以家家户户都贴春联、点灯笼、放鞭炮,就是为了吓走"年",平平安安地过除夕夜,来年才能顺顺遂遂。

《小年兽》是一本关于"年"的绘本,初次看到这本绘本便觉得十分亲切,封面上趴在楼角的小

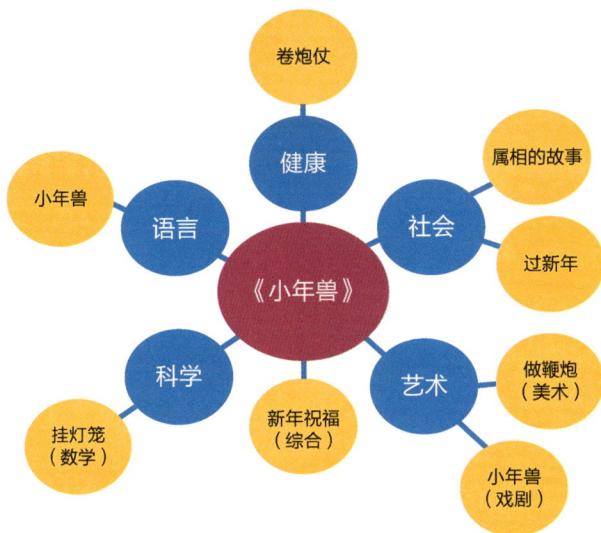

图2-2-2

怪兽不就是小时候想象的"年"的样子嘛,黑乎乎的身体,圆滚滚的造型,还有那让人看了就害怕的大爪子。走进《小年兽》的绘本里,我们仿佛跟着作者一起回到了小时候过年的场景,大家一起放鞭炮,热热闹闹过大年。

这本绘本最特别的地方是作者在书里设计了两个截然不同的结局,通过阅读绘本时鲜明的心理情感对比,让我们回味了年的味道。绘本中满眼的红,帮助我们忘记之前的不开心,和所有你认识的人说新年好。作者还在故事中设计了一个温馨的结尾,最后"年"这个小怪兽和小男孩成了好朋友,变成了一只可爱的小怪兽,读完绘本,读者心里的情感也得到了畅快的释放。基于绘本并结合中班幼儿年龄特点,我们设计了以下教学活动:和孩子们一起听《小年兽》的故事,写福字,做鞭炮装饰教室,玩传统游戏……在一系列的活动中,我们希望幼儿能更了解中国的传统文化,爱上我们的传统文化。

活动一: 小年兽(偏语言领域)。基于绘本的内容,我们引导幼儿感受过年的热闹气氛,大胆表达自己对"年"的想法,中班幼儿对事物的理解能力逐渐增强,想象力逐渐丰富,也越来越愿意表达。在活动过程中我们能认识"年"这个憨态可掬的小怪兽,了解小年兽和小男孩的故事,为后续的活动奠定情感基础。

活动二: 过新年(偏社会领域)。幼儿在了解了绘本中过年的习俗后,如果能在生活中真的参与剪窗花、写春联、装饰灯笼等活动,为新年的到来做些准备,那该多开心啊!中班幼儿还处于具体形象思维阶段,我们通过实际操作、直接感知的方式来开展活动,帮助幼儿在玩中感受浓浓的过年气氛是再合适不过了。

活动三: 挂灯笼(偏科学领域——数学)。中班幼儿已经具有初步探索的能力,只要为幼儿提供充足的操作材料,幼儿就能在操作中发现新的排列规律。本次活动,我们将以幼儿熟悉的小年兽和灯笼为载体,融入科学的排列规律,借助实物,帮助幼儿探索新的挂灯笼方式,在实际操作中熟悉并感知 ABABAB 的排列方式,促进幼儿数领域能力的进一步发展。

活动四:做鞭炮(偏艺术领域——美术)。过年时幼儿最期待的事情之一就是放鞭炮,因此本次活动教师会在引导幼儿了解鞭炮的造型特点后,引导其尝试用彩纸、胶棒等材料做鞭炮,一串串鞭炮不仅展示了幼儿的动手操作能力,更表达了幼儿对新年的期待。用做好的鞭炮装饰教室,过年的气氛也就越来越浓厚了。

活动五:卷炮仗(偏健康领域)。在传统民俗中,玩传统游戏可是必不可少的活动项目。中班幼儿需要听口令,在四散奔跑中避让他人,因此本次活动,我们借助"卷炮仗"的传统游戏,引导幼儿在仔细听的基础上快速做出反应。活动中游戏的难度会逐步增加,幼儿会通过活动初步尝试合作,并能在活动中感受与同伴合作游戏的快乐。

活动六:属相的故事(偏社会领域)。新年除了有年兽的故事之外,属相的内容也总是离不开孩子们的话题:今年是什么年? 你是属什么的? 我的爸爸是属×的。关于十二生肖的内容一直是孩子们津津乐道的,因此本次活动,教师将和孩子们从自己及家人的属相切入,通过游戏、儿歌等方式,帮助幼儿了解十二属相,进一步产生对属相的兴趣。

活动七:新年祝福(综合)。新年走亲访友,亲朋好友间见到的第一面常会说"新年快乐",我们在收到拜年祝福后往往会格外开心。在长时间的文化积淀中,像"恭喜发财""年年有余""心想事成""五福临门"等美好的祝福语成为人们耳熟能详的祝福内容,因此本次活动教师将通过"学说甜甜话"的内容,引导幼儿感受祝福带给他人的美好寓意,体验互相关心的美好情感。

活动一:小年兽(偏语言领域)

活动目标:

1. 理解故事《小年兽》,尝试清楚大胆地表达自己的想法。
2. 感受过年的热闹气氛,体会团圆的温馨情感。

活动准备:

物质准备:小年兽 PPT;自制图书,人手一册,包括自制图书 1(从第一页到"年会抓住那些孤独的人"这一页)、自制图书 2(从"年会突然跳出来"这一页到"被年完全吞没了"这一页)、自制图书 3(从"要从年手中逃脱"这一页到"新年快乐"这一页);展板 3 块(分板块梳理幼儿阅读的相关内容);轻音乐。

经验准备：有大家庭的成员们一起过年的体验。

活动过程：

一、活动导入：观察图书封面，引出"小年兽"

师：（教师出示封面的图片）今天老师给小朋友们带来了一本绘本，看看封面上是谁？（小怪兽/它叫小年兽）猜猜看这是什么节日？（是要过年了/是春节）

重点提问：什么是小年兽，它长得什么样子？（小年兽是过年时出现的小怪兽/小年兽是黑黑的身体/它的身体还是圆圆的/它有尖尖的牙齿和爪子/小年兽的眼睛是圆圆的）

> 小结：小年兽是寒冬里的一只小怪兽，它长得圆乎乎、胖滚滚的，有点可爱又有点让人害怕。

过渡：今天给你们带来的这本书就叫《小年兽》。小年兽总是会在过年时出现，它要出来做些什么呢？答案就在《小年兽》里，让我们一起来看看这本书吧。

二、基本活动：通过阅读，发现年兽秘密

1. 幼儿自主阅读《小年兽》（自制图书 1）

师：看一看小年兽做了什么？

在阅读过程中教师需关注幼儿的阅读内容及习惯。

2. 分享交流，共同观察画面，梳理故事内容

重点提问：小年兽做了什么？（它跳起来要抓人/它出来吓唬人）怎么做才能不被小年兽抓住呢？（贴红红的春联/挂红灯笼/穿红色的衣服/放鞭炮，吓走小年兽/大家在一起，人多了，它就害怕了）

（教师回应并梳理幼儿的发现，在展板 1 上展示小年兽做的事情和"不被小年兽抓"的相关内容）

> 小结：小年兽喜欢在过年的时候出来抓孤独的人。但是小年兽害怕鞭炮、五彩的年画、火红的衣服，害怕热热闹闹的场景。

3. 幼儿分组阅读《小年兽》的不同结局（自制图书 2 和自制图书 3）

过渡：可是过年时总会有孤独落单的人，孤单的人碰到小年兽会发生什么事情呢？

师：这本《小年兽》有两个不同的结局，分别放在两边的桌子上，请小朋友们去选择一个看一看，音乐结束了我们一起来分享。

在阅读过程中教师需关注幼儿对故事结局的理解情况。

4. 分享交流，欣赏不同的故事结局

重点提问：小年兽后来发生了什么事情？（教师分别回应并梳理幼儿对两个故事结局的讲述，在展板 2 上梳理结局 1；在展板 3 上梳理结局 2）

> 结局1

——小年兽抓了孤独的人。

——小年兽跳进了人的心里。

——这个人变得不开心了。

——小年兽的身体越来越大,越来越黑了。

> 结局2

——过年了,要装饰很多红色的东西。

——挂红色的灯笼。

——放鞭炮。

——穿红色的衣服。

——打电话给自己的好朋友。

——和大家打招呼,说"过年好",大家一起开开心心的。

重点提问:你更喜欢哪个结局?(第2个故事结局)为什么?(因为看了心里高兴/因为小年兽变好了,不再让人害怕了/因为小男孩和小年兽变成了好朋友)

小结:是的,喜庆欢乐的结局总会更让人喜欢。小年兽和小男孩变成了好朋友,小年兽再也不是让人害怕的怪兽了。

三、活动结束:讨论生活中的"小年兽"

师:大家在过年的时候见过小年兽吗?(没有)为什么?(因为我们挂灯笼、贴春联/因为我们和家人在一起,很热闹/因为我们会和好朋友打电话,会很开心,不孤单)

师:那小朋友们平时的心情怎么样,有见到过小年兽吗?(平时也没有见到/我每天都很开心,所以没有小年兽来/我也有不开心的时候,但是爸爸妈妈会陪着我,我就不害怕)

总结:我们生活得都很幸福,时刻有家人和朋友的陪伴,所以我们都见不到小年兽。

活动设计者:汲克玲(华东师范大学附属紫竹幼儿园)

活动二:过新年(偏社会领域)

活动目标:

1. 积极参与"过年"的话题讨论,表达自己关于"过年"的想法。

2. 熟悉各种关于过年的物品,感受过年的热闹气氛。

活动准备:

物质准备:过新年相关图片(置办年货、贴春联、挂灯笼等);教室内准备 3 个区域,分别用于活动的开展(写春联或写"福"字;装饰灯笼;剪窗花)。

(1) 写春联或写"福"字所需材料:福字实物、墨水、红纸(正方形)、春联。

(2) 装饰灯笼所需材料:灯笼若干,装饰材料若干。

(3) 剪窗花所需材料:剪刀,红纸。

(本次活动可邀请若干会写毛笔字、剪窗花的家长一同参加)

经验准备:具备折纸、剪纸的经验;会说新年甜甜话。

活动过程:

一、引出话题"过新年"

师:很快就要过新年了,小朋友们家里有为过新年做准备吗,都做了哪些准备呢?(我们家买了很多年货/我和爸爸妈妈一起贴了福字和春联/我们家挂了灯笼)

教师根据幼儿的回答出示相应的图片或实物。

> 小结:过年了会有各种热闹的活动——贴春联、写福字、挂灯笼等等。这些活动都是为了迎接新年的到来,人们希望在新的一年里能顺顺利利、福气满满。

二、讨论关于过新年的事

(一) 说一说关于过新年的事

重点提问:你们知道为什么人们要在过年的时候挂灯笼、贴春联、拜年吗?(为了庆祝新年来了/小年兽害怕红色,红灯笼、红春联能吓走年兽/贴福字是希望家里人有福/拜年是过年的时候去亲戚家里,过年了会放假,平时爸爸妈妈都上班,没有时间)

> 小结:是的。不同的活动有不同的意义,贴福字是希望福气进到自己家中来;挂灯笼、贴春联、剪窗花是希望来年红红火火;拜年能和很长时间没见面的亲戚朋友相聚;现在人们还会利用春节假期和家人去旅游度假。过年时的活动真是丰富多彩啊!

(二) 自主选择,体验活动

过渡:今天老师给大家准备了一些活动,有写福字、写春联、装饰灯笼、剪窗花,一会你们可以选一个自己喜欢的活动去参加。

1. 幼儿尝试操作体验

幼儿自主选择喜欢参与的活动,教师及志愿者家长关注并提醒。

(1) 关注幼儿使用毛笔及墨汁的情况。(参考附 1:引导幼儿使用正确的握笔姿势书写,提醒幼儿蘸取墨汁后不甩动毛笔等)

(2) 关注幼儿使用剪刀的情况。（折叠窗花时不宜叠过厚，避免幼儿裁剪困难，同时提醒幼儿使用剪刀的安全事项）

(3) 提醒幼儿及时整理桌面垃圾。

2. 交流分享

重点提问：你参加了哪项活动，这项活动有什么特殊的意义吗？（剪窗花，我希望我们家越来越美/写春联，我想吓走小年兽，小年兽害怕红春联/我装饰了灯笼，我希望我的灯笼把我们照得亮亮的）

教师鼓励幼儿大胆表达自己参与活动的过程，以及参与活动的理由或意义。

小结：今天小朋友们体验了一些关于过年的活动，还勇敢地说出了自己的想法，让人听了心里暖洋洋的，相信我们都会快快乐乐、欢欢喜喜地迎接新年的到来。

三、新年甜甜话

师：过新年光装饰环境可不行，还需要你们的小嘴巴说一些甜甜话，还记得我们的新年甜甜话吗？让我们一起来说一说吧。

总结：听了你们的新年甜甜话，老师的心里也觉得很甜，等到过年的时候记得对爸爸妈妈、爷爷奶奶也说一说，他们一定会觉得很幸福！

附1：正确的毛笔握笔姿势图

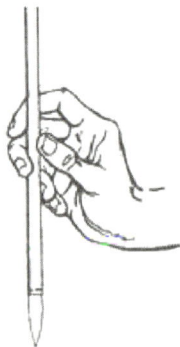

拇指压，
食指夹，
中指勾过来，
四指顶住它，
小指来帮忙。

图2-2-3

附2：新年甜甜话

新年到，祝大家在新的一年里：一帆风顺、二龙腾飞、三阳开泰、四季平安、五福临门、六六大顺、七星高照、八方来财、九九同心、十全十美、百事顺心、万事如意。

活动设计者：汲克玲（华东师范大学附属紫竹幼儿园）

活动三：挂灯笼（偏科学领域——数学）

活动目标：

1. 能发现小年兽的排列规律并尝试运用到挂灯笼中。

2. 探索新的挂灯笼规律，感受过年的欢乐气氛。

活动准备：

物质准备：教学 PPT、操作纸（底板）若干，灯笼图片若干，桌子若干。

经验准备：对小年兽有一定的了解。

活动过程：

一、小年兽排排队，引出 ABABAB 规律

教师出示单张小年兽图片。

师：小朋友们，还记得它是谁吗？（小年兽）

师：今天来了很多大大小小的小年兽，它们排着队正准备出发呢！

1. 按大小排列

教师出示小年兽排队组图 1。（小年兽按照大小大小大小的方式排列）

师：来了几只小年兽？（1，2，3，4，5，6，六只，有六只小年兽）

重点提问：仔细观察来的是什么样的小年兽，它们是怎么排队的？（有的大，有的小/大小大小排队的）

小结：小年兽们大小不同，一个大一个小，2 个 1 组，大小大小间隔排列。

2. 按高矮排列

教师出示小年兽排队组图 2。（小年兽按照高矮高矮高矮的方式排列）

重点提问：这次的小年兽有点不一样哦，仔细观察，它们是怎么排队的？（是按高矮高矮排队的/是按一个高一个矮间隔排队的）

小结：小年兽们高矮不同，一个高一个矮，2 个 1 组，高矮高矮间隔排列。

3. 分享交流

教师出示小年兽组图 1 和组图 2，比较组图之间的异同（重点比较相同之处）。

重点提问：刚刚我们看到了两队小年兽，它们排队的方法有什么相同的地方吗？（它们都是一个一个，然后又一个一个/它们都是两个一起的/它们都是一个间隔一个排的）

小结：它们都是 2 个 1 组，一个一个间隔排列的。

二、红红灯笼高高挂，巩固 ABABAB 规律

过渡：再过一段时间中华民族的传统节日——春节就要到了。春节时家家户户会挂上红红的灯笼驱赶年兽。我们一起来挂挂灯笼赶跑年兽吧!

1. 熟悉挂灯笼的材料(颜色相同但是大小不同的灯笼若干,人手一份)

师:老师给你们准备了一份灯笼材料,看看这些灯笼有什么秘密?(它们的颜色一样,都是红色的/它们的大小不一样,有的大有的小)

> 小结:是的,你们观察得真仔细,这些灯笼颜色相同但是大小不同。

2. 幼儿尝试操作

师:试着用刚刚小年兽们排队的方法,一个间隔一个,让这些灯笼在纸上也"排排队"。

师:小朋友们还有其他疑问吗?(教师在操作之前询问幼儿,帮助幼儿了解相应的操作规则)

教师巡回指导并关注:

(1)幼儿能否有目的地选择材料进行排序。

(2)提醒幼儿相同模式出现 3 组及以上。

3. 分享交流

重点提问:你是怎么挂灯笼的?(1 个大 1 个小,这样排的/我先排了小的,小大小大小大……这样排的)

> 小结:大家挂的灯笼都特别有规律,是按照 2 个 1 组,一个一个间隔排列的,有规律的灯笼真漂亮。

三、激发兴趣,探索新的挂灯笼方式

师:除了按照 ABABAB 的方法排队,还有没有其他排队方法呢? 给你们一点时间想一想。

师:看,这里还有一些灯笼(颜色相同大小不同的灯笼若干),去试一试,看看有没有新的发现。

1. 同伴合作,共同探索新的挂灯笼方法

师:可以和你的好朋友一起,想想有没有新的挂灯笼的方法。

教师巡回指导并关注:幼儿探索新的排列方式的情况(如:ABBABBABB、AABBAABBAABB 等)。

2. 分享交流

重点提问:你有什么新的挂灯笼的方法吗?(1 个大 2 个小 1 个大 2 个小……这样排/还可以 3 个一组,2 个大 1 个小 2 个大 1 个小这样排)

> 小结:大家排得都很整齐,除了 2 个一组,你们还发现了 3 个一组的新方法,比如 2 个大 1 个小 2 个大 1 个小这样排……小朋友们都特别棒,都想到了很多新的排队方法。

活动延伸：

1. 在区域中投放相关材料,进一步巩固挂灯笼的方法。

2. 投放更多维度的材料,探索新的挂灯笼方式,如投放大中小三种大小的灯笼等。

活动设计者：汲克玲(华东师范大学附属紫竹幼儿园)

活动四：做鞭炮(偏艺术领域——美术)

活动目标：

1. 了解鞭炮的造型特点,尝试用彩纸、胶棒等材料制作鞭炮。

2. 在制作鞭炮的过程中感受过年的欢乐气氛。

活动准备：

物质准备：轻音乐,红黄色纸若干(用于制作鞭炮"身体"),剪刀,胶棒,毛线,鞭炮 PPT,细长的纸条若干,桌面垃圾桶若干。

经验准备：在过年等节日中见过鞭炮。

活动过程：

一、认真观察,感知"鞭炮"

师：小朋友们,最近我们在阅读《小年兽》的过程中经常聊到鞭炮,你们见过鞭炮吗,鞭炮长什么样子呢？(鞭炮是长长的/也有短短的鞭炮/鞭炮的身体是圆圆的/还有一条细细的线在鞭炮上面/我知道,那叫"捻子")

教师根据幼儿的回答出示相应的图片：有的粗,有的细,有的高,有的矮。(通过丰富多样的图片,引导幼儿观察、对比鞭炮的不同造型特征)

重点提问：老师这里有一张长方形红色纸片,如果我要把它变成一个鞭炮应该怎样做呢？(可以撕开它然后画一个鞭炮/可以卷一卷再贴一贴把它变成一个鞭炮)

> 小结：鞭炮有一个柱子一样的身体,圆圆的鼓鼓的;还有一条细细长长的引子。放鞭炮是我们过年时的习俗之一,传说可以赶走"年"。

二、认识材料,尝试做鞭炮

1. 认识材料

过渡：很快我们就要迎来春节了,今天我们就一起来做鞭炮吧。

重点提问：老师这里有很多材料,你们认识吗？(有剪刀/有彩纸/有胶棒)

> 小结：这里的材料很多,彩纸、胶棒、剪刀、麻绳等等,每一样都很重要。

重点提问：如果请你做鞭炮，你想先做鞭炮哪部分呢？用什么材料做？（我想先做鞭炮的身体，用红色的纸卷一卷）

师：怎么卷呢？（把彩纸的一边和另一边用胶棒粘起来/粘的时候要把边和边对齐，这样鞭炮的身体会更好看/我想先做捻子，用剪刀剪一段就可以了）

教师根据幼儿的表述请个别幼儿进行现场演示。

师：大家还有什么疑问吗？（给予幼儿提出疑问的机会）

2. 幼儿自主尝试制作鞭炮

过渡：接下来我们要做鞭炮了，可以一个人，也可以找好朋友一起做，选择你觉得合适的材料，去试试吧！音乐结束的时候，请你带着你的鞭炮坐到小椅子上。

幼儿在做鞭炮过程中，教师巡回指导并关注：幼儿的安全与常规（如：使用剪刀注意安全、垃圾放入垃圾桶等）。

3. 交流分享，将幼儿做好的鞭炮串成串

重点提问：为什么点燃了一个鞭炮后会发出很多噼里啪啦连续不断的响声呢？

（因为有很多鞭炮串在了一起，所以就发出了很多响声）

教师根据幼儿的回答及时呈现一串一串的鞭炮图片。

　　小结：很多鞭炮排排队，连成一串，所以才会发出噼里啪啦连续不断的响声。

重点提问：那我们怎么将鞭炮串成一串呢？（让鞭炮排排队/一个接着一个排排好，把它们串起来）

　　小结：一串鞭炮一个挨着一个，像小朋友排队一样，左边一个，右边一个，整整齐齐。（教师可以用放大镜的形式，呈现整体鞭炮中的一部分，以引导幼儿观察鞭炮的排列形式）

4. 幼儿分组将鞭炮串成一串

师：你们也去试试把鞭炮串在一起吧！大小相同的串在一起会更好看哦。

三、用做好的鞭炮装饰教室

过渡：热热闹闹的新年就要来了，教室里也需要鞭炮的装饰，我们用做好的鞭炮一起装饰教室吧。（师幼共同装饰）

　　结束：新年越来越近，班级里有了鞭炮做装饰，过年的气氛真是越来越浓厚了。

附：做鞭炮的方法（供参考）

（1）鞭炮的身体：使用长方形红色色纸卷成圆柱形。

（2）剪一条短短的毛线（颜色不限）粘在鞭炮的一头。

　　注：本次活动幼儿制作的鞭炮如图2-2-4。根据幼儿的发展情况，也可引导幼儿按图2-2-5的方式制作。

图 2-2-4

图 2-2-5

活动设计者：汲克玲(华东师范大学附属紫竹幼儿园)

活动五：卷炮仗(偏健康领域)

活动目标：

1. 能根据口令指示在四散奔跑时避让他人。

2. 尝试和朋友合作游戏,体验运动游戏的快乐。

活动准备：

物质准备：音乐、呼啦圈若干(放置于场地外围作为运动游戏时的安全区域)。

经验准备：会玩"单人炮"游戏。

活动过程：

一、热身运动

师：跟随音乐,我们一起来动一动吧。

(教师播放音乐,结合慢跑、侧跑、后退跑、下蹲、跳跃等动作活动身体)

二、基本活动：卷炮仗

(一) 单人炮(建议玩 1~3 次单人炮游戏)

师：还记得我们的单人炮游戏吗? 我们一起念儿歌,一会炮仗响了记得跑到安全区域哦。

儿歌：新年到! 真热闹! 我们一起卷炮仗(跟随儿歌节奏走动),卷啊卷啊卷啊卷(双手交替转动),卷成一个小炮仗(慢慢下蹲),嘶——嘭(起跳,张开双手,四散跑)。

（二）双人炮

1. 幼儿探索双人炮玩法

师：如果要两个人玩卷炮仗，想一想，可以怎么玩？

2. 跟随儿歌，尝试双人炮

师：新年到！真热闹！我们一起卷炮仗，卷啊卷啊卷啊卷，卷成一个双人炮。嘶——嘭。

3. 教师观察幼儿探索双人炮卷法的情况，并关注幼儿四散奔跑时避让他人的情况

师：想一想，除了两个人一起下蹲卷炮仗，还能怎么卷？（也可以抱在一起卷炮仗）

师：再想想有没有更多不一样的卷法？（我们是手拉手，然后绕在一起卷炮仗的）

4. 分享交流

重点提问：你们用了哪些方法变成双人炮？（我们手牵手，抱在一起卷/我们一只手牵着，然后身体卷进来）

鼓励幼儿边分享经验边演示给大家看。

　　小结：小朋友们通过和好朋友手牵手、卷一卷的办法，想出了新的双人炮方法。

（三）多人炮（3～6人，不规定具体人数，根据幼儿兴趣进行多轮游戏）

1. 尝试多人炮游戏

过渡：刚刚我们玩了双人炮，想不想试试多人炮？试着找到更多的好朋友卷一个多人炮。

师：新年到！真热闹！我们一起卷炮仗，卷啊卷啊卷啊卷，卷成一个多人炮。嘶——嘭。

2. 幼儿跟随儿歌开展多人炮运动游戏。教师关注幼儿四散奔跑时的安全。

师：多人炮游戏就要开始咯，等会多人炮开始时，如何安全奔跑呢？（听到"嘭"的声音，我就要跑了/跑的时候就看看前面有没有人，有的话要让一下/看到一个呼啦圈里没有人就跑进去，有人就让一下）

3. 分享交流

重点提问：刚刚你们是怎么到达安全区域的？（卷在一起的时候不能推其他小朋友/卷在外面的小朋友要先跑，卷在里面的小朋友要先等一等，外面的人跑了之后再跑走）

　　小结：仔细听信号，外圈内圈分散跑，跑的时候一定要注意观察周围的人，学会避让，才能又快又安全地到达安全区域。

（四）超级炮

师：你们的炮仗卷得可真好，想不想挑战卷一个最大的炮仗？我们所有人一起来！

师：新年到！真热闹！我们一起卷炮仗，卷啊卷啊卷啊卷，卷成一个大炮仗。嘶——嘭。

小结：今天玩卷炮仗可真开心,我们所有人手拉手,一起卷成了一个最大的炮仗。我们的炮仗一定是迎接新年的最响的炮仗。

三、放松活动

幼儿四散站立,跟随音乐做舒展动作。

附：卷炮仗玩法

图 2-2-6

活动设计者：汲克玲(华东师范大学附属紫竹幼儿园)

活动六：属相的故事(偏社会领域)

活动目标：

1. 知道十二生肖是中国人的属相,每个人都有属相。

2. 愿意了解属相,对属相产生兴趣。

活动准备：

物质准备：十二生肖属相图,十二生肖操作图及对应的操作底板(用于十二生肖排序),十二生肖儿歌。

经验准备：了解过自己和家人的属相。

活动过程：

一、说说属相

导入：小朋友们,你们知道自己的属相吗？ 知道其他小朋友们都属什么吗？ 你还知道哪些人的属相？(我属×/我知道我爸爸的属相,他属×)

师：小朋友们的属相一样吗？ 为什么？(我的属相是×/我和××,还有××的属相都是

一样的,我们都是同一年出生的)

> 小结:一般情况下,不同年份出生的人属相不同;在同一年出生的人,大家都有相同的属相。每年人们都用一种动物属相来代表今年是什么年。

二、初步了解十二属相

1. 说说十二属相

师:我们知道每一年人们都用一种动物代表一个属相,那今年是哪种动物,是什么年呢? 今年出生的宝宝属什么? (今年的属相动物是 X/今年是 X 年,所有出生的宝宝都是属×/就像我一样,我是×年出生的,所以属×)

重点提问:你们还知道其他属相中的动物吗? (有老鼠/兔子也是的/还有老虎/小猪也是一种属相动物……)

> 小结:十二生肖是中国人很早以前就开始使用的,它是中国特有的传统习俗,每年用一种动物表示一种生肖,也就是一种属相,一共有十二种动物,成为十二属相。

2. 猜猜十二属相

师:你们都认识了十二属相,我们一起来玩"十二属相猜猜猜"的游戏。

游戏规则:幼儿玩"你说我猜"的游戏,在摸箱中抽取一张生肖图,在不被其他幼儿看到的情况下,通过肢体动作或口语表达该属相的特征,让其他幼儿猜测,猜对的幼儿继续游戏。

三、十二属相排排队

重点提问:每年都有一种属相,但是怎么样才能知道明年是哪只动物的属相呢? (明年是×年/每一年属相都是有顺序的)

1. 教师播放儿歌

师:听一听,儿歌中十二种小动物有没有顺序? 它们是怎么排队的?

幼儿依据儿歌,进一步了解十二属相所包含的动物。

2. 分组操作,尝试排序

幼儿依据儿歌,分组尝试为十二属相排序。

3. 交流分享

师:仔细观察,每个小组属相排序都一样吗?

4. 幼儿再次倾听儿歌,验证排序内容

四、说说喜欢的属相

师:你最喜欢什么属相,为什么? (我最喜欢×的属相,因为我就是这个属相/我喜欢×的属相,因为今年就是×年)

> 小结:每个人都有自己喜欢的属相,感兴趣的小朋友可以对自己喜欢的属相动物做更多的了解,相信小朋友们肯定能知道更多关于属相的秘密。

活动延伸：

尝试在美工区为自己或父母画一画属相，并将作品送给相同属相的朋友或爸爸妈妈。

活动设计者：白翎（华东师范大学附属紫竹幼儿园）

活动七：新年祝福（综合）

活动目标：

1. 能根据物品特征与谐音学说祝福语。

2. 感受祝福带给他人的美好寓意，体验互相关心的美好情感。

活动准备：

物质准备：教学 PPT（内有汤圆、鱼、灯笼等与祝福有关内容的图片），每位幼儿准备一份新年小礼物。

经验准备：和爸爸妈妈一起调查过有关"数字"的新年祝福语，如"五福临门""六六大顺"等。

活动过程：

一、回忆新春祝福，调动已有经验

导入：马上就要过年了，新年我们会走亲访友相互拜年，拜年的时候你们都会对叔叔阿姨、爷爷奶奶说些什么呢？和旁边的好朋友相互说一说。（我们会去小姨家，会对小姨说新年快乐／我们会回我爸爸的老家，会对爷爷奶奶说身体健康／我们还会说恭喜发财……）

幼儿相互交流新春祝福的话。

二、拓展经验，了解更多"新年甜甜话"

1. 教师播放 PPT，引导幼儿根据物品特征与谐音学说祝福语

过渡：你们说了很多好听的祝福语，有礼貌的孩子在新年中总能给别人带来开心和美好。除了你们说的祝福语之外，看看今天老师带来了什么？（有汤圆／有鱼／甘蔗，我吃过甘蔗／还有糖果，我最喜欢吃糖果……）

重点提问：每一张图片都是一句"新年甜甜话"，谁能根据图片分享你了解的"新年甜甜话"，猜猜它们是什么意思？

➢ 汤圆——团团圆圆（汤圆的形状是圆形的，寓意新的一年中家庭成员和和美美、团团圆圆）

➢ 鱼——年年有余("鱼"和"余"听上去声音一样,"余"在生活中有"剩余"的意思,表示一年中生活富足,每年都有多余的财富及食粮)

➢ 灯笼——红红火火(人们在过年时非常喜欢用红色装饰,也喜欢说"红红火火",表示新的一年生活富裕)

➢ 甘蔗——节节高升(像甘蔗一样一节一节往上长,表示新的一年人们会不断努力提高自己)

➢ 糖果——甜甜蜜蜜(糖果尝起来很甜,表示新年中人们过着非常开心、幸福的生活,像糖果一样甜甜的)

➢ 元宝——财源滚滚("元宝"有钱财的意思,一般人们都会对做生意的人说"财源滚滚",希望他来年能把生意做得更好)

➢ 糕点——高高兴兴(糕点的"糕"和高兴的"高"听上去一样,所以人们也会用糕点代表新的一年要高高兴兴,快快乐乐)

2. 出示骰子,说说关于数字的祝福语

过渡语:看看这是什么?(是骰子)数字中也藏着祝福语,猜猜它们和哪些"甜甜话"有关?

教师邀请幼儿投掷骰子,并说说数字中的祝福语。

➢ 一帆风顺(表示新的一年顺顺利利,没有阻碍)

➢ 两全其美(表示做一件事顾全两个方面,使两方面都很好)

➢ 三羊开泰(在中国古代"阳"与"羊"同音,意味冬去春来,阴消阳长,有吉亨兴盛之象)

➢ 四季平安(表示一年四季平平安安)

➢ 五福临门(表示"长寿""富贵""康宁""好德""善终",很多福都在一起)

➢ 六六大顺(意味家庭、工作、事业等顺顺利利)

师:你们还知道哪些关于数字的祝福语?(七星高照、八面玲珑、九九归一、十全十美)

> 小结:人们根据物品特征或通过谐音的方式,把美好的祝愿藏在一个个词汇中,并在每年过年的时候,把它们说给大家听,希望大家在新的一年中都能心想事成,万事如意。

3. 说说收到祝福语的感受

师:你收到过"新年甜甜话"吗?收到了哪些"甜甜话"?(爸爸妈妈希望我"健健康康"/爷爷奶奶新年会对我说"开开心心""快快乐乐")

师:听到"新年甜甜话"的时候心情怎么样?(非常开心)

三、互赠礼物,表达对朋友的祝福

师:今天每位小朋友都为自己的好朋友准备了一份新年礼物,让我们一起来交换礼物,说一说"新年甜甜话"吧!

教师鼓励幼儿在接受礼物过程中,通过祝福语来互相祝福,并表达感谢。

活动设计者:白翎(华东师范大学附属紫竹幼儿园)

绘本剧:《小年兽》

人物:小年兽、大风、母鸡、百姓 1、百姓 2、百姓 3、百姓 4、百姓 5、百姓 6、百姓 7

时间:冬天

地点:乡村

【寒冷的冬天,寒风呼呼吹着,家家户户灰暗的门窗紧闭,户外寂静。伴着阴冷的音乐,"年"慢慢出场。

画外音:小朋友,你们知道"年"是什么吗? 他是寒冬里的孤寂感慢慢聚集而成的一个小年兽。你看,他来了!

小年兽:我就是"年","年"就是我。住在高高的山上,孤孤单单很寂寞,好孤独啊! 孤独得要发疯啊!

【一阵大风吹来。

大风:(猛烈吹)呼呼,呼呼,"年",我们一起玩吧。

小年兽:(生气)走开! 你离我远点! 只要你一来天气就越加寒冷,我就会觉得更加孤独,特别特别生气! 就想去吓唬那些落单的人。

大风:哟,瞧你说的! 不玩就不玩,我找雪花玩去了。

【风下场,远处走过来一只鸡,一边走一边找地上的东西吃。

小年兽:(观望)那边好像有谁来了? 哈哈,是一只母鸡,就想去吓唬吓唬它。(躲着等着母鸡到来)

母鸡:大冷天找点食物吃太不容易了,我要快点回去,否则真会冻死。

小年兽:(猛扑过去)哇! 抓住你啦! 抓住你啦! (抓住了母鸡)哈哈……

母鸡:(惊吓)来人啊! 救命啊! 救命啊! (挣扎)

【母鸡的呼叫声惊动了人们，各家各户的人拿着扁担、锄头等出来，小年兽抓着鸡飞速跑回山上去了。

百姓 1：又是"年"！为什么"年"总是在最冷的这天来捣乱？

百姓 2：因为这时大家都躲在家里没有出来，"年"太寂寞了就会来使坏。

百姓 3："年"太可恨了，它再来怎么办呢？

百姓 4：大家快想想办法吧，不能再让它来了。

百姓 5：我想到一个办法了。

众百姓：什么办法？快说！

百姓 4："年"不喜欢红色的东西，总是在孤单寂寞时出来干坏事，那我们就多准备一些红色的东西，红红火火的，不要让它孤单寂寞。

百姓 6：太好了，家家户户所有人都穿上红红的衣服，热热闹闹的，看它还敢不敢来！

【家家户户所有男女老少都穿上红衣服，在喜洋洋的背景民乐中放鞭炮、贴门联、挂红灯笼、贴窗花、贴五彩年画，做各种各样的菜摆满桌。

百姓 1：放鞭炮啰！放鞭炮啰！

百姓 2：贴门联啰！

百姓 3：挂红灯笼啰！

百姓 4：贴窗花啰！

百姓 5：贴五彩年画啰！

百姓 6：各种美食吃起来啰！

【小年兽在山上又寂寞了，忍不住偷偷下来，一看这红红火火、热热闹闹的场面，吓得躲起来。百姓们胜利欢呼。

【百姓们下场，摆满美食的桌前留下一个孤独的百姓7，凄凉音乐声响起。

小年兽：那边有个孤独的人了，我赶快去找他。

（跑过来躲在此人身后，一前一后如同一人）

百姓 7：唉，满桌的好吃的菜，只有我一个人吃，多没意思啊！

小年兽：你的家人不来和你吃团圆饭，你的朋友不来和你聚餐，再多的山珍海味也不想吃。

百姓 7：我想有人来陪我吃饭，我想有人来陪我聊天，为什么没人来啊？（哭）

小年兽：我想有人来陪我吃饭，我想有人来陪我聊天，为什么没人来啊？（哭）

百姓 7：我好寂寞啊！我好难过啊！我……我受不了了！（发疯似的上蹿下跳）

小年兽：我好寂寞啊！我好难过啊！我……我受不了了！（发疯似的上蹿下跳）

　　　　【歇斯底里的背景音乐，百姓7发疯般地叫喊，完全被"年"吞掉了。众百姓上场。

百姓1：不！不能这样！你肯定不愿意这样的。

百姓2：赶快从"年"的手中逃脱，你可以的。

　　　　（百姓7挣扎着摆脱"年"）

百姓3：首先,你要有过年的颜色,要有许多许多的红色。（给百姓7披上红色衣服）

百姓4：你还要忘记所有不开心,打电话给所有你认识的人,祝他们新年好！

百姓7：(打电话)喂,你好,新年好！(回复电话里的问候)祝你新年快乐！

百姓5：即使和谁闹别扭了,也要在这一天说声"对不起！让我们在新的一年里,重新成为好朋友"。要向所有人说"新年好！"

百姓7：(打电话)是小王吗,新年好！以前都是我不好,让你伤心了,对不起,新的一年我们还是好兄弟！

百姓6：这就对了,别漏下任何一个。对了,还有一位也别忘了。（暗示是"年"）

众百姓："年"！新年好！哈哈……

小年兽：(不好意思红了脸,躲着躲着衣服变红,变成了一个可爱的新"年")

全体：新年快乐！（全体舞蹈）

剧终

图 2-3-1

绘本 6:
《清明节》

作 者:王早早/文　王书音/图

出版社:北京师范大学出版社

相关信息:获丰子恺儿童图画书奖的《安的种子》作者王早早"中国记忆·传统节日"系列原创绘本之一,全书共12册。

一、绘本赏析

绘本《清明节》刻画了一个富有中国传统特色又不失现代感的清明节,全书以温情、人文又极具生活化的故事为主线,同时穿插民间故事、谚语、诗句、传说以及传统食物制作流程,也不忘在潜移默化之中贯穿做人的道理,开展道德教育。实现了故事欣赏、启迪心灵和拓展传统文化知识等的融合,给读者朋友们更加多元的体验。

翻开绘本《清明节》我们就会发现全书以彩铅画风格为主调,笔触细腻精致,描绘了江南小桥流水人家白墙灰瓦、春机盎然的景象,既有乡村生活的场景,又有田间劳作的画面,封底也有相应的清明节诗文,完成了中国韵味的自然渗透。

这是一个发生在江南小镇清明节的故事,以主人公宝儿的视角,讲述了清明节前后人们的日常生活、传统习俗、农业习俗以及历史由来。清明节始于周朝,晋文公为纪念功臣介子推而设立,是二十四节气之一,素有"清明前后,种瓜点豆"的谚语,清明一到,雨水增多,是春耕春种的大好时节。作者将主人公宝儿刻画成了一个和我们生活中的小朋友类似的形象,这样的设计使得小读者们更有被代入感,更容易在这些日常生活故事中获得启发,社会性也得到发展。学前阶段的儿童比较以自我为中心,生活中很多小朋友也会出现像宝儿一样恃宠而娇、任性,吃得不如意就扔、不想做家务就耍赖等行为问题。但是宝儿在爷爷的循循善诱下和自己亲身体验了农耕的辛苦之后,也能体会到父母的辛劳和食物的来之不易,逐渐明白了自己之前的娇纵是错误的,变得更加孝敬爷爷,给劳累的父亲端水,主动分担家务,实现了个人品质的升华,这也体现了家庭教育的重要性,好的家风对儿童一生的发展都有着举足轻重的作用。

同时,它也实现了节日习俗的自然渗透,有别于传统的民间习俗和节日由来讲述的知识性读物,绘本《清明节》让孩子们在故事中自然接受中华传统文化的熏陶。另外,该书独具巧思,设计有互动环节,穿插了制作粽子、香包、清明果等简易而不失趣味的小教程,使得该书不只是一本故事绘本,也兼具了说明的性质,让儿童在获得优美的叙事性语言的同时,也增加了对说明性语言的感受。这种设计一方面方便了家庭中家长和孩子的亲子互动,通过亲子动手操作,在看看、玩玩、说说中加深对清明节传统习俗的认识;另一方面也便于幼儿园课程的活动设计和实施。

冬去春来,桃花盛开,也给人们带来了新的希望。我们应该怎样向小朋友介绍这个我们中国的感恩节——清明节呢?绘本《清明节》便是不错的选择,阅读过后,我们也可以引导幼儿回顾和了解清明节的趣事:清明节的习俗有哪些?清明果的制作步骤有哪些?清明节前后为什么要种瓜点豆?引导幼儿用简洁的语言说明清明节的来历是什么,清明节的古诗有哪些,让儿童从绘本《清明节》出发实现对清明节更加全面的认知和体验。另外,绘本结尾以宝儿一家人共同扫墓踏青结束,让我们不禁也想在这初春时节走到户外,扫墓踏青,悼念先祖,感受春光,或者翻翻家里的老照片,讲讲老人的事情给孩子们听,这也是一种思怀。无论潮流如何变化,孝敬老人、感恩自然的馈赠是每个小朋友和大朋友应该学会的美德。润物细无声,通过这些体验一定可以给孩子们的童年留下一抹美好的底色。

儿童绘本创作者王早早用她丰富的生活经验和生动的想象力为小读者们献出了一部优秀的儿童文学作品,让儿童和成人都在阅读与体验中自然获得对中国传统节日——清明节的完整认识,恢复了对中国优秀传统文化的认知。

二、《清明节》主题活动设计

《清明节》活动设计意图:

一提起清明,我们便能想起那首耳熟能详的诗歌:"清明时节雨纷纷,路上行人欲断魂。借问酒家何处有,牧童遥指杏花村。"的确,清明时节我们大多是在思念已故的亲人,以浓浓的哀思表达对他们的想念。

其实,清明不仅仅是一个缅怀先人的节日,更是一个重要的节气。"清明谷雨紧相连,浸种春耕莫迟延。"清明一到,气温升高,雨量增多,正是播种的大好时节。绘本《清明节》正是描写了和播种有关的故事,其内容和画面呈现了浓厚的中国传统特色,适合幼儿自主阅读、感受欣赏。绘本中宝儿与家人在清明节发生的故事,也能让小朋友在清明的氛围中感受中国的传统文化。清明节到来,万物复苏,草长莺飞,农民伯伯开始春种,户外景色宜人,人们在此时外出踏青也是再好不过了。

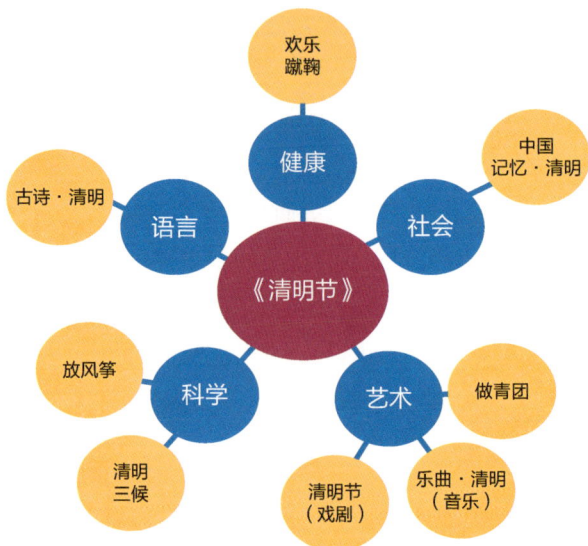

图2-3-2

基于绘本,结合中班年龄特点,我们设计了以下教学活动,跟幼儿一起了解清明节的来历、品读相关的古诗、制作清明果等。

活动一：清明三候(偏科学领域)。在自主阅读绘本《清明节》的基础上,我们将在此活动中引导幼儿了解清明万物复苏的节气特点:一候,桐始华;二候,田鼠化为鴽;三候,虹始见。天气的变化,植物的变化和小动物的变化,都让我们感受到了新生的气息。此活动能帮助幼儿科学地了解与清明相关的知识,为后续活动的开展作铺垫。

活动二：古诗·清明(偏语言领域)。《清明》是一首朗朗上口的古诗,每每念诵这首古诗,心头总会涌上一种淡淡的忧伤之感。但古诗《清明》也具有其独有的意蕴之美,因此在本次活动中,教师会通过互动提问、故事理解等方式,帮助小朋友们感受、理解古诗的含义,欣赏、发现古诗的魅力。

活动三：乐曲·清明(偏艺术领域——音乐)。《清明》除了是一首朗朗上口的古诗之外,其实还有其他独特的艺术表现形式。在幼儿感受了古诗《清明》的魅力之后,教师将通过乐曲的形式和幼儿进一步互动《清明》的相关内容,引导幼儿尝试用手势舞的形式来表现古诗作品内容,帮助幼儿感受古诗新唱的唱腔与韵味,了解古诗新唱的歌曲形式,体验古诗手势舞表演的快乐。

活动四：做青团(偏艺术领域)。做青团是清明的习俗之一,自古人们就有在清明制作青团的传统。随着幼儿精细动作的进一步发展,用揉、搓、捏等方式制作青团对于中班幼儿来说再合适不过了,因此本次活动将以制作青团为重点内容展开活动,帮助幼儿感受成功的喜悦和劳动的快乐。

活动五：欢乐蹴鞠(偏健康领域)。蹴鞠是清明传统的运动,中班幼儿活泼好动,非常适合开展蹴鞠活动。蹴鞠活动有趣好玩,教师将通过"单人蹴鞠""小组蹴鞠""机智夺鞠"等游戏,帮助幼儿熟悉蹴鞠,提高脚部控球和运球的能力,并通过活动培养幼儿初步的合作能力,感受与同伴合作的快乐。

活动六:中国记忆·清明(偏社会领域)。传统的清明习俗,如扫墓、吃青团等都带着思念故人的哀愁。但清明节还有很多活动蕴含着勤劳、朴实、关怀等美好品德。因此,本次活动中教师将重点关注幼儿社会情感中积极的一面,引导幼儿用自己的话表达对清明的理解,鼓励幼儿发现绘本中宝儿前后行为的变化,通过绘本帮助幼儿感受朴素勤劳的中国传统美德。

活动七:放风筝(偏科学领域)。放风筝是清明习俗之一,天气晴好,幼儿最喜欢做的事情之一就是在户外放风筝。如何能让风筝飞上天? 风筝顺利飞上天空的影响因素有哪些? 带着这些疑问,我们将开展本次活动。此次活动,教师将在鼓励幼儿积极尝试放风筝的基础上,利用初步的统计来发现影响风筝飞上天空的因素,让我们借助此活动,和孩子们一起思考,一起探索吧!

活动一: 清明三候(偏科学领域)

活动目标:

1. 了解清明节的气候特点,知道清明节后万物开始复苏。

2. 喜欢清明节,愿意外出踏青感受大自然的变化。

活动准备:

物质准备:教学 PPT(桐花、田鼠、彩虹等图片);绘本《二十四节气——清明》。

经验准备:具备自主阅读绘本《清明节》的经验。

活动过程:

一、谈话引出清明节

师:小朋友们看过绘本《清明节》了,谁能和大家分享一下里面讲了哪些关于清明节的秘密呢? (清明前后,种瓜点豆/清明节可以挖春笋和做清明果/清明节要播种/清明节以后,天气就暖和了)

小结:清明节一般在 4 月 4 日—4 月 6 日之间,从清明节开始,天气变暖和,春笋、小草都长出来了,树枝也都发芽了,整个大地都活跃起来了。

二、了解清明三候

(一) 认识图片内容

(教师出示 PPT)师:桐花、田鼠、彩虹。

师:老师给你们带来了三张图片,看看图片里面都有什么? 和旁边的小朋友相互说一

说。(第一张图片是花/是桐花吧/第二张是小老鼠,这是田鼠/第三张图片是彩虹,我见过彩虹)

> 小结:图片里有白里透粉的桐花,有咖啡色绒毛的田鼠和色彩绚丽的彩虹。桐花是油桐树开的花,花期短暂,盛开时白花簇簇,非常美丽。

(二)师幼共同探讨清明三候

重点提问:那桐花、田鼠、彩虹和清明节又有什么关系?(教师根据幼儿的回应做相应的拓展。以下清明三候的顺序,教师可根据现场幼儿的回应做相应的调整)

1. 一候,桐始华

重点提问:桐花为什么在清明节时开放呢?(因为清明节之后,天气就暖和了。天气暖和,花就开了/清明节还会下雨,桐花喜欢喝雨水)

> 小结:清明节雨水增多,阳光温暖,正是桐花开放的好时节,桐花花期很短,盛开时白花朵朵,从树上落下来的时候就像下雪一样,很好看。

2. 二候,田鼠化为鴽

重点提问:田鼠去哪儿了,它为什么躲起来?(太阳出来了,田鼠害怕阳光刺眼/小田鼠喜欢潮湿的地方)鴽是什么?(鴽是一种小鸟)它喜欢什么样的天气?(小鸟喜欢晴天,可以飞来飞去)

> 小结:田鼠喜欢阴暗潮湿的洞穴,当它试着爬出洞穴寻找食物时,刺眼的阳光让它们感觉非常不舒服,所以又爬回洞里。鴽是一种小鸟,喜欢阳光和温暖,它从窝里飞出来了。所以田鼠越来越少,鸟儿越来越多——田鼠化为鴽。

3. 三候,虹始见

重点提问:你们见过彩虹吗,在哪里见过?为什么到了清明节彩虹才开始出现呢?(我在海边见过彩虹/我没有见过彩虹/清明节要下雨,雨停了才会有彩虹)

> 小结:清明时节,气温升高,雨水逐渐增多,雨滴也变大了。太阳光照在雨滴上,就会出现不同的颜色,形成美丽的彩虹。

> 总结:桐花、田鼠和彩虹,它们的变化和清明节的到来紧密相关。清明节到来之时,不仅天气发生了变化,就连小动物和植物也会发生很多变化呢!

三、进一步说说清明三候

1. 说说自己最喜欢的"清明三候"

师:你们最喜欢清明三候中的哪一候?说说你的理由!(我喜欢第一候,因为桐花会像雪花一样飘下来/我喜欢第三候,我最喜欢彩虹了,彩虹很漂亮/我喜欢二候,因为田鼠是害虫,它变少了;但是小鸟变多了,小鸟是益虫)

师:关于清明三候,小朋友们还有什么疑问吗?

小结：小朋友们对清明三候已经有了很多的了解，大家说得都很好，把自己喜欢清明三候的理由说得非常清楚，清明三候的每一候都很有意思。

2. 鼓励幼儿外出踏青，感受大自然的变化

师：除了清明三候，清明节前后你们还有发现别的变化吗？（我发现我们穿的衣服变少了/我发现小草长高了/我发现有更多的花开放了）

师：小朋友们都发现了清明节前后的很多变化，有一双善于发现的眼睛，真好。

总结：清明节时，大自然发生了这么多变化，温暖的阳光、细密的小雨、小动物和花花草草也都想来凑热闹，万物生机勃勃，这时候，真正的春天就来到了，小朋友们周末有空的时候可以去外面看看，用明亮的眼睛找找大自然的春天。

活动设计者：汲克玲（华东师范大学附属紫竹幼儿园）

活动二：古诗·清明（偏语言领域）

活动目标：

1. 初步理解古诗《清明》的内容。

2. 感受古诗的意蕴，体会古诗中淡淡的忧伤之情。

活动准备：

物质准备：教学 PPT(雨、行人、酒家、牧童、杏花村等古诗中关键内容的图片)，每句诗歌对应一幅图片；古诗《清明》音频；歌曲《清明》音频。

经验准备：有过清明节的相关经验。

活动过程：

一、谈话引出古诗——《清明》

师：小朋友们，过两天就是清明节了，你们了解清明节吗？（清明节是在 4 月份/清明节要播种/清明节我们也会去扫墓）

小结：清明是二十四节气之一，在阳历 4 月 5 日前后，这一天人们会播种、扫墓等，还有人专门用古诗来描写"清明节"。

二、初步感受古诗内容以及古诗中淡淡的忧伤之情

1. 初步感知古诗内容

过渡：今天老师给你们带来了一首关于"清明"的古诗，仔细听一听，诗里说了些什么？

重点提问：刚刚你们从这首古诗里听到了什么？（教师根据幼儿的回答出示图片：雨、

行人、酒家、牧童等）

➢ 雨

（古诗里有雨）

师：诗人在下雨天写了这首古诗，古诗中是怎么说的，你还记得吗？（雨纷纷）

师：天空中飘着雨，雨点密集。所以古诗中写道：清明时节雨纷纷。

➢ 行人

（古诗中有人/是行人）

师：路边有行人走过，下雨天他一个人走在路边，猜猜看，他的心情怎么样？（他很伤心/
他有点难过，可能在想念亲人）

师：是的，还记得诗里是怎么说的吗？我们一起再来听一听。（路上行人欲断魂）

师：行人走在路边，淋着雨，心里非常难过，因此古诗中说：路上行人欲断魂。

➢ 酒

（酒）

师：谁想要去喝酒？（写这首诗的人/也可能是路边的人）

师：猜一猜，诗人认识去喝酒的路吗？（不认识）

师：你们为什么觉得诗人不认识路呢，古诗里是怎么写他问路的？（因为他问了别人路
怎么走/问酒家在哪里）

师：嗯，你说的和诗人说的很像，诗人说：借问酒家何处有？

➢ 牧童

师：看看这是谁？古诗中说的牧童是什么意思？（是小孩子）

师：是的，古时候放牛的小朋友就叫牧童。那这位放牛的小朋友是怎么告诉问路人的
呢？（在那个村子里面）

师：牧童指着远远的村子告诉诗人，所以古诗中说：牧童遥指杏花村。

> 小结：古诗中出现了许多你们熟悉的内容，它描写的是在一个清明的雨天里诗人
> 和牧童间发生的故事。

2. 进一步感受理解古诗

过渡：让我们一起来仔细欣赏这个故事吧。（教师播放 PPT，也可将此内容做成 flash
动画播放）

（1）唐朝有一位著名的诗人，他的名字叫杜牧。这首《清明》就是他写的。这一天正是
清明节，杜牧在赶路途中，忽然下起了蒙蒙细雨。清明，虽然是柳树发芽、气候温暖的日
子，可是这时候天气也容易发生变化，就像诗里面写的一样——清明时节雨纷纷。

（2）在赶路的人不止他一个，他抬头望去，路上的人，各有心事，好像在思念什么人，心

情有点忧伤——路上行人欲断魂。

(3) 看到这个场景,杜牧心里突然有个想法:想找个小酒馆喝点酒。他向路边放牛的小孩问道:"小朋友,哪里有卖酒的地方?"——借问酒家何处有。

重点提问:猜一猜杜牧为什么想喝酒?(他心情不好/他想念自己的家人了/他走路累了,想找个地方,休息一会/外面下雨了,他可能觉得有些冷了)

> 小结:是的,正如你们所说,可能是杜牧想找个地方休息下,避避雨;也可能是想喝两杯酒暖暖身,解一解春天的寒冷;还可能是想借此散散心头的愁绪。

(4) 师:那牧童是怎么告诉杜牧的呢?(指着远处的杏花村)

师:小孩指着盛开的杏花树,告诉杜牧,在杏花树盛开的地方就有一家小酒馆。——牧童遥指杏花村。

> 小结:我好像和你们一样,能想象出诗里面的场景:天下着雨,路上行人心情有点不好。杜牧问牧童哪里有酒家,牧童告诉他在杏花树后面的不远处。(教师依次在同一张 PPT 上呈现四句诗对应的图片)

师:听完了故事,看着图片,我们再来欣赏下古诗——《清明》。

播放古诗《清明》音频。

3. 感受古诗的淡淡忧伤

重点提问:小朋友们,听完杜牧写的这首古诗《清明》,你们有什么感觉?(感觉有点难过,有点伤心)

师:为什么诗人有点忧伤,他可能在想什么呢?(他想念自己的家人了)

> 小结:杜牧离自己的家乡很远,离家人很远。在这个特殊的节日里,他可能在思念自己的亲人。

师:带着杜牧的淡淡忧伤,我们试着一起读一读这首古诗。(师幼共同诵读)

二、进一步激发对古诗的兴趣

师:对于这首古诗,你们还有什么不明白的吗?

师:这首诗虽然有点淡淡的忧伤,但是我们的诗人杜牧把这首古诗写得也很美。后来还有人给这首诗谱了曲,用唱歌的方式唱了出来,我们一起来听一听!

教师播放《清明》歌曲,结束活动。

活动设计者:汲克玲(华东师范大学附属紫竹幼儿园)

活动三：乐曲·清明（偏艺术领域——音乐）

活动目标：

1. 感受古诗新唱的唱腔与韵味，尝试用手势舞的形式来表现古诗作品内容。

2. 喜欢古诗新唱的歌曲形式，体验古诗手势舞表演的快乐。

活动准备：

物质准备：画有清明情节的图片一幅，白纸若干，不同色笔若干。

经验准备：熟悉古诗《清明》。

活动过程：

一、出示图片，回顾与清明相关的节气与古诗

师：看一看、想一想、说一说，画中的人们在干什么？这是一个什么传统节气？你们还记得《清明》这首古诗是怎么念的吗？

二、欣赏歌曲，感受古诗新唱的独特魅力

1. 欣赏教师清唱，了解古诗新唱特点

师：古诗《清明》不仅可以念，还可以唱呢，仔细听，听的时候有什么感觉？（这首歌曲很好玩/听上去也有点搞笑）

师：再次欣赏，讨论一下它和你们以前听过的歌曲有什么不一样？（有戏曲的韵味/有拖长腔/有过门）

> 小结：将古诗配上音乐吟唱，有点像歌曲，又有点像戏曲，这种独特的唱腔与韵味让古诗变得好玩又好记，也更好地传承了古诗。这种方式叫"古诗新唱"。

2. 完整欣赏音乐，寻找自己的兴趣点学唱

师：我们也试着用古诗新唱的方法来表演古诗《清明》。

重点提问：你最喜欢唱哪一句？为什么？你觉得唱哪一句的时候有困难？谁有好办法能帮助他解决呢？

> 小结：小朋友们真会动脑筋，想出了几个好办法，比如可以听音乐跟唱，看别人学唱，还可以用手部动作来提醒自己唱古诗。

三、创编动作，尝试用手势舞匹配古诗新唱表演

1. 引导幼儿根据图片创编手势动作

师：试试看给古诗配上合适的动作，你想为哪一句编动作？（幼儿自由选择自主创编动作，教师用简笔画记录，帮助幼儿理解手势动作与古诗内容的关系）

2. 集体讨论优化手势舞动作

师：古诗新唱创编的动作和平时的动作造型有什么不同？（师幼讨论,手势动作可以跟着歌曲旋律律动,手指可以尝试用戏曲的兰花指等,教师可用另外的色笔补充记录手势动作的律动轨迹）

3. 相互评价表演让动作更有韵味

师：我们分组来比一比,看谁的手势舞动作最有韵味。如果忘记了怎么办？（看图片提示,认真听音乐,看旁边小朋友……）

师：你最喜欢谁的手势舞表演？为什么？（引导幼儿根据古诗新唱的特点来评价同伴的表现方式,如手部动作、表情、眼神等）

活动延伸：

将活动延伸至区角,引导幼儿自主开展"古诗新唱《清明》"的装扮、表演等活动。

附：手势舞表演手部动作参考

清明时节雨纷纷：双手手指从上往下弹动,做下雨状。

路上行人欲断魂：一手手心向上,另一手握拳,用食指和中指在手心上做行人走路状;"欲断魂"处双手做爱心再分开。

借问酒家何处有：双手做抱拳作揖状,"何处有"时双手打开手心朝上。

牧童遥指杏花村：双手做牛角分别放在头顶做牧童状,"遥指"处双手做兰花指一前一后指向远方。

活动设计者：梁瑶瑶（温州市第六幼儿园）

活动四：做青团（偏艺术领域）

活动目标：

1. 能用揉、搓、捏等方式完成青团的制作。

2. 愿意介绍自己做的青团,感受成功的快乐。

活动准备：

物质准备：青团若干;青团视频;面团、馅儿（豆沙、芒果、咸蛋黄）;展示板（用于展示青团制作步骤图）。

经验准备：有吃青团的经验。

活动过程：

一、品尝青团，激发兴趣

导入：今天老师给你们带来了一个好吃的东西。看！这是什么？（是青团/我吃过青团）

师：小朋友们想不想尝一尝？好，我把青团分成很多份，每人一口尝一尝！

师：青团尝起来味道怎么样？（吃起来有点黏黏的/它是软软的/我吃到了芒果的味道）

> 小结：是的，青团吃起来黏黏的、软软的，它有不同的口味，豆沙馅儿的，蛋黄馅儿的，还有水果馅儿的。

二、动手操作，制作青团

（一）认识食材，观看视频，了解青团和做青团的步骤

1. 认识青团

师：青团是用什么食材做的呢？我们一起来看个视频了解一下吧。（播放视频）

> 小结：青团是用艾草、糯米等食材制作成的一种美食，青团甜而不腻，带有一种淡淡的青草香气。

2. 感知食材

师：今天我们就一起来试试做青团吧！看，老师这里有一些食材你们认识吗？它们可以用来干什么？（绿色的面团是青团的皮/蛋黄、芒果可以放在青团里面）

> 小结：面团用来做青团的皮，豆沙、芒果和咸蛋黄可以做馅儿，制作的时候最好是一个青团一种馅儿。

3. 了解制作过程

师：光认识食材还不够哦，你们知道怎么制作青团吗？来，先和旁边的小朋友讨论讨论。（幼儿讨论后，教师播放视频后半段）

师：我们一起来看看如何制作青团吧！

重点提问：青团是怎么制作的？（拿一点面团，压扁了/放点芒果在中间，再用面团把芒果包起来）

师幼共同回顾，一边说一边将青团制作的流程图贴于展板上。

> 小结：先取适量面团搓成小球，然后压成一个扁扁的饼；接着放入适量的馅儿；最后把馅儿包起来，不外露。（教师可一边小结一边演示操作，或请个别幼儿演示制作）

（二）幼儿分组做青团

过渡：青团软软的，你们一会做的时候可以慢慢揉、轻轻捏。

幼儿洗手做青团，教师巡回指导并关注：

（1）建议幼儿取适量的馅儿（馅儿太多会导致包不住而外漏）。

(2) 最后的粘合有点难,可提醒幼儿慢慢捏,不着急。

(3) 关注幼儿制作完成后收拾整理的情况。

三、交流分享,分享食物

重点提问:能介绍下你的青团吗?(鼓励幼儿说清楚制作青团的步骤和青团的口味)

师:你们在做青团的过程中有遇到什么困难吗?(给予幼儿说出自己困难的机会,启发生生互动)

> 小结:你们的小手真能干,大家一起揉一揉,搓一搓,捏一捏,美味的青团就做出来了。

活动延伸:

将做好的青团送进食堂蒸熟,请幼儿带回家和家里人进行分享。

活动设计者:汲克玲(华东师范大学附属紫竹幼儿园)

活动五:欢乐蹴鞠(偏健康领域)

活动目标:

1. 熟悉蹴鞠,提高脚部控球和运球的能力。

2. 喜欢蹴鞠,感受与同伴合作的快乐。

活动准备:

物质准备:鞠若干个、大呼啦圈 1 个、小呼啦圈若干。

经验准备:对鞠有一定的认识和了解。

活动过程:

一、热身活动

导入:今天老师带你们玩一个好玩的游戏,我们先一起来动一动吧!

(幼儿跟随教师做热身运动:结合慢跑、侧跑、倒退跑等动作展开)

二、基本活动

(一) 单人运鞠(场地布置:大呼啦圈放置场地中间,将若干鞠放于大呼啦圈中,小呼啦圈分散放置于场地四周)

1. 尝试运鞠

幼儿自主选择一个小呼啦圈,作为自己的"领地"。

师:好,每人跑到一个小呼啦圈中,这就是你们的"领地"。

师：中间大呼啦圈中放了一种新材料,你们认识它吗?（球/我认识,这是鞠）

> 小结：对,它叫鞠。古人踢的鞠和我们现在的足球有点像,今天我们和鞠一起做游戏。

师：大呼啦圈中有很多鞠,你们想办法用脚把这些鞠运送到自己的呼啦圈中,开始吧!

在运鞠过程中,教师关注：幼儿用脚运鞠的情况并提醒幼儿注意安全。

2. 分享交流

重点提问：你是怎样把鞠运到自己的呼啦圈中的?（用脚轻轻踢/但是也不能很轻,要用点力气/踢的时候要看好自己的呼啦圈,顺着自己的小呼啦圈那里踢过去）

> 小结：想要成功把鞠运到自己的呼啦圈中,必须要在运鞠的过程中控制好鞠的方向和力度。

3. 巩固运鞠

师：现在你们可以带着你们的鞠到"领地"外面玩一玩,试试怎样让脚下的鞠听你的话。

幼儿与鞠互动时,教师根据幼儿运鞠情况进行指导,并撤掉部分呼啦圈。

过渡：好,现在请你们把鞠运回到大呼啦圈中,运送完后,再找2个好朋友,3个人一组,选择一个呼啦圈作为你们的"新领地"。

（二）小组运鞠

游戏规则：幼儿自由分组,每3人一组,每组选择一个小呼啦圈作为"新领地",规定时间内3人合作运鞠,"新领地"内鞠多一组为胜。

1. 3人运鞠

师：现在我们3人一组,想不想和其他组比一比,看谁运鞠运得多?（想）

2. 开展小组运鞠游戏

3. 分享交流

重点提问：你们组的鞠为什么比别人运得多?（我们用了不大不小的力气,把鞠踢进我们组的呼啦圈/我们瞄准了自己的呼啦圈/我把鞠踢给了我的队友/我们走了一条人不多的路,这样就不会碰到其他小朋友,就快了）

> 小结：你们的办法都很棒,运鞠过程中需要注意方向和力度,要学会控鞠;也可以传鞠,相互合作;同时还需要注意避让旁边的小朋友,这样鞠才能运得更多。

（三）机智夺鞠

准备：撤除场地中间的大呼啦圈,为此轮游戏做准备。

游戏规则：3人一组不变,规定时间内至其他"领地"内机智取鞠,运至自己小组"领地",多者为胜。

1. 机智夺鞠

师：刚刚我们玩了运鞠比赛，想不想挑战一下更有难度的"夺鞠大赛"：可以从其他组的呼啦圈中运鞠到自己的"领地"，给你们一点时间，想一想，3位小朋友可以怎么玩？

在运鞠过程中，教师关注：幼儿运鞠的情况及小组内幼儿初步合作、分工的情况。

2. 分享交流

师：你们组鞠的数量发生变化了吗？为什么你们组的鞠最多？（我们3个人商量好了，一个人留在"领地"看着鞠，其他两个人去运鞠/我踢到鞠以后，就踢给了他，他离我们的"领地"很近，我就不用跑过去了）

> 小结：3个人在一起分配好任务，有去运鞠的，更要有守鞠的。分工合作，才可能赢得更多的鞠。

三、放松活动

1. 师幼一起做放松活动，鼓励幼儿放松走动，捶捶腿、捏捏腿等。
2. 师幼共同整理运动器械。

活动延伸：

在此活动基础上教师可利用其他时间组织幼儿开展"蹴鞠比赛"活动（同足球比赛）。

活动设计者：汲克玲（华东师范大学附属紫竹幼儿园）

活动六：中国记忆·清明（偏社会领域）

活动目标：

1. 知道清明的含义，用自己的话表达对清明的理解。
2. 发现绘本中宝儿前后行为的变化，感受朴素勤劳的中国传统美德。

活动准备：

物质准备：绘本中宝儿行为的图片若干。

经验准备：了解清明节的习俗，阅读过绘本《清明节》。

活动过程：

一、调动经验，回忆清明

重点提问：小朋友们，我们已经开展过一些清明相关的活动，谁愿意分享一下你了解的清明是怎么样的？（清明是一个节气/清明节的时候我们会扫墓，祭拜已经去世的亲人/清明节也会祭拜英雄/清明也可以去踏青、放风筝）

小结：清明是我国二十四节气之一,在清明节时,人们会扫墓、祭拜祖先,也会踏青等。

二、基于经验,说说清明

1. 说说我们眼中的清明

师：如果用一种颜色表示清明,你觉得会是什么颜色呢,是怎么样的心情?（绿色的,清明果就是绿色的,吃清明果很开心/灰色的,因为清明节会下雨,是阴天,去看去世的人,很伤心/蓝色,因为清明节过了天空就很蓝了,可以去放风筝,我喜欢放风筝）

小结：看样子清明在你们眼中有不同的颜色,有因为思念亲人——不开心、悲伤的颜色,也有因为吃到喜欢的清明果,可以放风筝的开心的颜色。

2. 说说宝儿眼中的清明

过渡：我们来看看绘本《清明节》里面,小主人公宝儿的清明节是什么样的。

教师在幼儿说到相关部分时出示相应图片。

师：宝儿在清明做了什么事情?（他帮助爸爸擦汗/他还选种子呢）

重点提问 1：宝儿从一开始就在帮助大人做事吗? 他刚开始是怎么做的?（他睡懒觉/他发脾气,不吃妈妈准备的早餐/他把馒头丢在地上/他不帮妈妈做家务）

重点提问 2：那宝儿之后做了哪些事情,有什么变化吗?（宝儿和爷爷一起选种子,然后种下去/宝儿给爸爸递水喝/他帮妈妈去采野艾,做清明果/他做农活饿了,所以觉得馒头很好吃,饭也很香/他脸红了）

师：宝儿为什么脸红?（他想到爸爸妈妈还有爷爷很辛苦/他觉得粮食是辛辛苦苦种出来的,自己之前浪费粮食,很不好意思）

师：你们有脸红的时候吗?（我没有吃完饭的时候会脸红/我抢弟弟玩具的时候会脸红/我和爸爸妈妈撒娇的时候会脸红）

小结：原来宝儿脸红是因为知道了只有像爸爸妈妈和爷爷一样朴素、勤劳,才会种出粮食,了解了粮食的来之不易! 所以后面宝儿早起,和妈妈一起采野艾、挖春笋、做清明果等,在清明时节做了很多的事情,真是一个不一样的清明节!

三、基于角色、深度交流

重点提问 1：你喜欢宝儿吗? 为什么?（喜欢,因为他变得更懂事了/喜欢,因为他愿意帮助爸爸妈妈,是个好孩子/我也喜欢宝儿,因为他知道自己不对的时候能改正）

重点提问 2：如果你是宝儿,你还可以做些什么?（我可以帮妈妈扫地/我可以给爸爸妈妈倒水/我可以在他们累了时给他们讲故事）

小结：宝儿是一个知错就改的好孩子,改正以后的他勤劳、勇敢、不挑剔,拥有了很多美好的品质,希望小朋友们能像他一样,成为积极、勤劳的中华儿女!

活动设计者：白翎（华东师范大学附属紫竹幼儿园）

活动七：放风筝（偏科学领域）

活动目标：

1. 初步利用统计，发现风筝飞上天空的影响因素。

2. 喜欢参与讨论，感受"放风筝"带来的快乐。

活动准备：

物质准备：风筝若干、白板一块、马克笔（用于在白板中统计）、幼儿携带近期放风筝的记录纸等。

经验准备：具备放风筝的经验；有做过实验记录的相关经验。

活动过程：

一、交流分享、互动放风筝的经验

导入：小朋友们利用周末时间和爸爸妈妈一起在公园放了风筝，今天我们一起来说说关于风筝飞上天的秘密！

重点提问：你们的风筝飞上天了吗？它是如何成功飞上天的？/为什么你的风筝没有飞上天？（我的风筝成功了，我是和爸爸妈妈一起放的，它飞得很高很高/我也成功了，我们放的时候有风，风筝一下子就飞上天了/我的也成功了，我们买了一个很大的风筝/我的没有成功，我还不会放风筝）

1. 幼儿依据放风筝的记录纸讲述自己放风筝的体验

2. 教师梳理幼儿放风筝的情况，并记录于白板上，成功的用马克笔打"√"，失败的打"○"

3. 统计班级幼儿放风筝成功的次数

二、初步发现影响风筝飞上天空的因素

1. 了解放风筝与风的关系

重点提问：有风的日子和没有风的日子里放风筝，哪一天放风筝更容易成功？（有风的日子更容易成功，风能把风筝吹上天空）

幼儿通过数数的方法验证有风时成功次数较多，没风时成功次数少。

> 小结：有风的时候成功的机会多，没有风的时候成功的机会比较少，原来风筝飞上天与风有关。

2. 了解放风筝与风筝材料、构造的关系

重点提问：没有风为什么也有风筝飞上天了，甚至还能在天上稳稳地飞？（天上没有风，但是人跑起来就有风了/风筝比较轻，跑起来就能飞上天/它有两只"翅膀"，和蝴蝶一

样,只有一只翅膀就不行)

教师出示两只风筝:观察、比较、讨论它们的构造、材料等不同之处。

> 小结:原来风筝飞上天还与风筝的材质和造型有关,用于制作风筝的材料往往都非常轻,所以有时候虽然没有风,我们依然能通过跑动让风筝飞上天空;有的风筝左右两边是一样的(对称的),还拖着长长的尾巴,因此风筝能稳稳地飞在天空中。

3. 了解放风筝与放飞技能的关系

重点提问:为什么有时候有风,制作风筝用的材料也很好,但依旧有风筝没有飞上天呢?(因为我还小,爸爸说我长大了就会放风筝了/我爸爸才有放风筝的本领,爸爸说我可以和他一起放风筝,这样我也会有放风筝的本领)

比较同样有风或无风的情况下大人和小孩成功的机会多和少。(验证成人往往比小孩放风筝更易成功——成人放风筝技术往往比幼儿高)

> 小结:原来想要风筝飞上天,不仅和风以及风筝本身材质有关,还要掌握一定的放风筝技术,这样风筝才会在天上飞得又高又远。

三、欣赏班级风筝展,进一步感受放风筝的快乐

1. 教师出示不同造型的风筝

师:这么多的风筝,你们喜欢吗?猜猜哪个风筝更容易飞上天?(我喜欢这个小鸟造型的风筝,它的翅膀大,肯定能飞上去/这个风筝的翅膀是左右一样的,它还有长长的尾巴,它肯定也能飞上天空)

2. 选择风筝,至幼儿园空旷场地一起放风筝。

活动延伸:

1. 在区域中为幼儿准备风筝制作的步骤图或视频,并提供制作风筝的相关材料,鼓励幼儿制作风筝。

2. 尝试在户外放自己制作的风筝,进一步思考成功或失败的原因。

活动设计者:白翎(华东师范大学附属紫竹幼儿园)

绘本剧：《清明节》

人物：宝儿、爸爸、妈妈、爷爷、路人、牧童、艾草若干、春笋若干

时间：清明前夕

地点：宝儿家、田野里

【早晨，宝儿家，妈妈在忙家务活，爸爸戴上斗笠，拿着农具准备下地干农活。

爸爸：清明前后，种瓜点豆。我得去田里张罗张罗。宝儿，快起床，太阳都晒屁股了！

【爸爸扛着锄头下场。

妈妈：宝儿，乖，起来吃早饭了。（把早点放在桌上，又忙着其他事）

宝儿：（伸着懒腰，打着哈欠）什么嘛？（不满）又是馒头，我想吃生煎包！

妈妈：宝贝，明天给你做生煎包，今天妈妈要赶着晒种……

宝儿：（发脾气）不行不行！我现在就要吃生煎包！（扔掉手上的馒头）

妈妈：（无奈）唉，你这孩子！好吧好吧，我去给你做煎包吧。

【爷爷从外面进来。

宝儿：爷爷，爷爷，你陪我玩吧。（宝儿一边儿抽着他的陀螺）

爷爷：宝儿，爷爷哪有时间陪你玩，我们一起选种吧。

【妈妈拿生煎包上场，坐在爷爷一旁开始选种。

宝儿：不选，种子有什么好选的。

爷爷：不对，要是自己选好种子，又亲自把它种下地，等到夏天摘自己种的甜瓜吃，你说香不香？

宝儿：哦，原来是这样啊！好啊好啊，我帮你选种吧，我也想自己种甜瓜吃。

妈妈：好呀，选好种，宝儿可以和爷爷一起去地里播种。

【场景转为田间路上、远处村庄。背景音乐为快节奏的儿童歌曲《清明》，台上出现路上行人向牧童问路等情景。歌曲结束后宝儿与爷爷上场，与田间劳作的爸爸打招呼。

宝儿：对了，爷爷，爸爸说清明节到了，什么是清明节啊？

爷爷：古人把一年分为二十四节气，并根据这种岁时历法来播种、收成，清明便是二十四节气之一，清明节时草长莺飞，气清景明，万物生机勃勃，这时候呀，真正的春天就来到了。

宝儿：哦，那为什么要在清明节前后种瓜点豆？

爷爷：古人说"清明谷雨紧相连，浸种春耕莫迟延"。清明一到，气温升高，雨量增多，正是播种的大好时节呢！

宝儿：哦，原来是这样！（朝着爸爸辛苦劳动的身影走过去帮忙）

宝儿：（递水给爸爸）爸爸一早就来干活了，一定很累了，给你，喝口水吧。

爸爸：谢谢！我们的宝儿懂事了。（祖孙三人一起播种）

【妈妈送来了午饭。

妈妈：开饭了！

宝儿：哇，干了半天活，还真的饿了。（大口大口地吃着）

爷爷：宝儿，现在知道劳动的人为什么就是吃黑馒头也很香吧！

宝儿：嗯，吃完饭我还要劳动。

爸爸：南瓜、甜瓜、西红柿和豆荚都播种完了，我们可以回去休息了。

妈妈：你们先回去吧，我与宝儿去采野艾做清明果。

宝儿：我吃完了，我们去采野艾吧。（接过妈妈的背篓）妈妈，我来背。

【爷爷、爸爸收拾农具下场。妈妈与宝儿在田里采野艾。音乐中母女俩与台上野艾扮演者舞蹈互动。宝儿又看见地里的春笋，兴奋地与春笋扮演者舞蹈互动。

妈妈：宝儿今天太棒了，帮妈妈采了这么多野艾，还挖了嫩嫩的春笋。

宝儿：当然啦，用最好的春笋做清明果的馅，吃起来才是妈妈做的味儿。

妈妈：走，我们回家。

【宝儿与妈妈下场。背景转换为宝儿家。爷爷、爸爸在家中忙。

妈妈：我们回来了！（拿出背篓里的食材）野艾有了，春笋也有了，我们马上开始做清明果吧。

宝儿：（好奇）为什么现在就做清明果？

妈妈：因为明天就是清明节了，按照传统，清明节要吃冷食，所以要提前一天做好啊！（妈妈开始教宝儿怎么做清明果）

宝儿：那清明节为什么要吃清明果？而且还要提前做好？

爷爷：来，宝儿，爷爷来告诉你。古代春秋一位叫晋文公的君王，在他还没当君王前，曾在逃命中受到一个叫介子推的恩惠。后来这位君王请恩人来朝廷当官辅佐他，但介子推却背着老母亲躲进了锦山。晋文公一生气，说放火烧山，看他出不出来。

宝儿：后来呢？

妈妈：后来介子推一直不肯出来，母子俩都被烧死了。但留了一片用血写的布条，让晋文公以后要勤政清明。为了纪念介子推母子，晋文公把烧山这一天定为"寒食节"，禁止烟火，吃冷食。

宝儿：哦，为什么要提前做清明果的原因我懂了！

爸爸：第二年，晋文公登山祭奠介子推，只见他坟前那棵烧毁的柳树又复活了，就赐名为"清明柳"，把这一天定为"清明节"。从那以后，人们每到清明节，就用柳条编成圈儿戴在头上，把柳枝插在房前屋后，表示感激介子推。再后来，清明节就成祭奠和怀念先人的节日了。

宝儿：原来清明节由来是这样的。这个故事太让人感动了，我明天去幼儿园要讲给小朋友们听，让大家都要明白其中的意义。

妈妈：我们的宝儿今天突然长大了，快做清明果吧，明天也带给小朋友尝尝宝儿亲手做的清明果。

（一家人在欢声笑语中呈上清明果）

剧终

大班

中国原创绘本主题活动设计

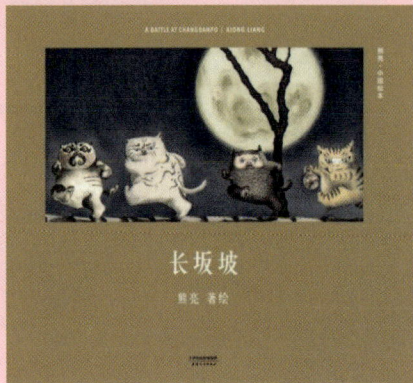

图 3-1-1

绘本 7：
《长坂坡》

作　者：熊亮

出版社：天津人民出版社

相关信息：《长坂坡》是中国时报"开卷"最佳童书，曾获 AYACC 亚洲青年动漫大赛最佳作品奖，第 17 届"金牛杯"美术图书银奖，第七届中国国际动漫节"金猴奖"，中国漫画作品大奖和最佳漫画形象奖。

一、绘本赏析

绘本《长坂坡》以中国传统京剧为背景，运用传统戏剧的节奏感，搭配中国色彩浓郁的插画风格，同时将猫咪脸上的纹路与京剧脸谱巧妙结合，对著名京剧片段进行了活灵活现的演绎。该绘本打破了原本孩子们感知和理解历史故事及戏剧元素困难的偏见，打开了儿童学习戏曲的第一扇门，对于中国戏曲元素的继承和发扬都有重要价值，真正给了孩子们一个"可记忆的中国"。

京剧猫们演的剧目是《长坂坡》，又名《单骑救主》，取材自《三国演义》第四十一回，讲的是曹操起兵攻打刘备，刘备带着百姓逃跑，混战中与妻儿失散，幸得赵云单枪匹马，多次冲进曹营，终把甘夫人和阿斗救出的故事。与传统的戏剧人物相比，憨态可掬的小猫形象更能引起小朋友们的共鸣。天生脸上有花纹的猫就是"京剧猫"，包办"生旦净丑"四大京剧行当，而脸上没有花纹的猫则充当观众，每个角色都有血有肉，活灵活现，同时将京剧元素表现得淋漓尽致，也营造出幽默风趣的舞台效果。张飞猫的蝴蝶脸，黑、黄、红、白的色彩搭配，显示出张飞英勇无畏的性格特点。奸诈多疑的曹操猫长眉细眼，水白脸的权贵扮相，性格刻画入木三分。鼻子处抹一个白色"豆腐块"，扮演插科打诨的则是滑稽丑角猫。作者在刻画形象时，既融入戏曲元素，又不失猫本身的外部特征，实现了"形似猫而似人"。另外，猫身手矫健，姿态灵活，这也与京剧演员相一致。郝广才在《好绘本如何好》中曾提出："想象需与逻辑并存。"猫身上的各种特质将其扮演"京剧演员"的身份变得合情合理。

书中这些拟人化的形象非常容易拉近与小读者的距离。这一只只小猫就如同一个个孩童，在充满成人话语权的世界里寻找一个自由的角落，表达自己，哪怕是一只观众猫都有批判和表达的机会，但是当象征成人的"大妈"出现后，这份童真的幻想世界便被打破了。张飞猫受了惊吓，演出气氛一落千丈。观众们都不买账，纷纷收起小板凳走了。这种"戏中戏"的设计，使得儿童们更容易关注京剧本身，小读者有了一种身临其境的感受。

其实，用绘本的形式来表现戏剧是一种极具挑战性的工作，京剧是一种长时间连续性的表演，而绘本篇幅在 40 页以内，且无声音的配合，这就需要作者具有极强的节奏把控能力和戏剧表现能力，才能将传统戏剧化繁为简，重点刻画。著名的绘本大师松居直曾对该绘本有高度评价，他曾说过如果有绘本奖比赛请他做评委，他一定会投给《京剧猫》系列，他指出用绘本的形式画戏剧，特别要注意戏剧的节奏感和绘本故事情节的节奏感是否匹配，而《京剧猫》的剧情节奏感就非常强。

除了人物形象外，绘本《长坂坡》很多趣味也藏在内心表达和台词上，由于绘本的无声性，画家将台词图像化，深刻表现角色内心的状态和戏剧张力。从画面构图上，张飞猫和曹操猫分别位于绘本跨页的左右，形成一种敌对的紧张态势。随着翻页，张飞猫的体型不断放大，而曹操猫则处在灰暗之中，加之背景中色调的变化，展现出盛气凌人的气势，形成对比强烈的戏剧效果。而在前面曹操猫整个脸填满的跨页里，脸谱表情细节刻画出他善用心机并生性好疑的个性，同时细长的眼睛中映出了张飞猫的影子。热衷关注细节的孩子们很容易发现作者的这些"小花招"，并从中体会曹操猫居心叵测的心理。

以形象为载体，寻找现代生活中传统文化的印痕，将文化的定义扩展到日常生活之中，会让孩子不仅喜欢，还能感同身受，中国民间艺术的创作本着"有情必有艺"的人本化创作原则，将个人的情感融入艺术创作中，使观者亦能感受到其中的"情"。作者熊亮正是在儿童本位的思想基础上寻找到了一种普适性的情感表达与体验，找到人类情感的共同通道，如此才能传播中国文化的精髓，创作出能让中国孩子喜欢，也能打动世界儿童的中国原创绘本。这种方式切实提高了孩子们对京剧脸谱的认知兴趣，使这些戏剧知识通过好玩的绘本在下一代中得到传承。

二、《长坂坡》主题活动设计

《长坂坡》活动设计意图：

三国时期是一个英雄辈出的时代，迄今为止流传着众多耳熟能详的精彩故事。《长坂坡》就是发生在三国时期的一个精彩纷呈的故事，故事讲述了刘备和曹操的一次经典战役：刘备被曹操击溃，携民众逃走，辎重军队损失惨重。这期间，刘备因张飞据水断桥赢得逃亡时间……波澜起伏、惊心动魄的故事，不断被一代又一代艺术家演绎。三国故事是我国传统文化的瑰宝，如何

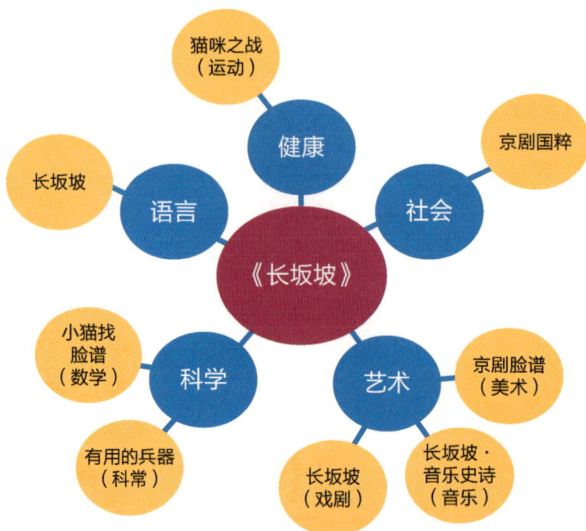

图 3-1-2

让历史故事再现在幼儿面前,让幼儿通过别样的方式"品读"三国,感受中华文化的魅力,且看由国际安徒生奖提名画家熊亮创作的绘本——《长坂坡》。

《长坂坡》以生动有趣、易于为孩子所接受的"猫"的形象出场,绘本中的猫咪憨态可掬,可爱至极,居然趁着夜深时刻,在剧场演起了"长坂坡"的故事。"黑脸猫"张飞手持"丈八蛇矛",一声叱喝,打得酣畅淋漓、扣人心弦!正值故事精彩纷呈、"观众猫"掌声雷动之际,一位迷迷糊糊、睡意朦胧的大妈闯了进来,真是又好气又好笑。绘本将中国传统故事融入京剧表演的艺术之中,营造出幽默、风趣但又不失紧张的氛围,真是妙趣横生。这样有趣的故事,这么好玩的场景,加之中国传统艺术荟萃,让大班幼儿细细品读是再好不过了!基于此,笔者设计了以下七个活动。

活动一:长坂坡(偏语言领域)。理解绘本故事内容是所有活动开展的基础,在阅读活动中,要求入班幼儿对绘本画面有一定的观察能力和辨析能力,因此在《长坂坡》中,教师通过自主阅读和集体阅读,引导幼儿观察和辨析图片中的人物和角色,通过"故事中发生了什么事情? 谁和谁在打战? 谁是谁的战队?"等重点提问,来帮助幼儿判断、梳理"曹""刘"的各自阵营,帮助幼儿理解故事内容,并尝试通过表演"黑脸猫"张飞来体会角色前后的变化,帮助幼儿进一步感受故事的有趣和好玩。

活动二:京剧国粹(偏社会领域)。京剧是中国的瑰宝,京剧文化源远流长。在了解了绘本的故事之后,我们进一步拓展京剧这一主线,设计了社会领域活动。从欣赏京剧开始,到了解京剧的特点,再到尝试模仿京剧演员的表演,一步步帮助幼儿触摸京剧,走进京剧,感受京剧文化的魅力,从而喜欢京剧。

活动三:京剧脸谱(偏艺术领域——美术)。"生来脸上有花纹的,就是京剧猫!"故事的亮点,除了跌宕起伏的故事情节之外,无疑就是猫咪脸上夸张、漂亮的图案彩绘。脸谱夸张、对称的特点能让大班幼儿充分感受到艺术的独特之美。因此在本次活动中,幼儿可以充分发挥自己的创造力和想象力,设计喜欢的脸谱,并为京剧脸谱是中国特有的艺术形式而感到骄傲和自豪。

活动四:长坂坡·音乐史诗(偏艺术领域——音乐)。《长坂坡》音乐是一首结构博大、层次俨然的音乐史诗,其传递了三国时期鼎足演义的磅礴气势,完美再现了千年的烽火与豪情。本次活动中,教师将通过这恢宏的音乐巨作,帮助幼儿在感知乐曲结构的基础上了解音乐的特点,体验合作演绎长坂坡的故事情节的乐趣,感受京剧音乐的独特魅力。

活动五:有用的兵器(偏科学领域——科常)。《长坂坡》是一个三国时期两国交战的精彩故事,在战争中兵器是必不可少的,大班幼儿对绘本中发生的"交战"情境具有强烈的兴趣,对兵器这一不常见但却威风凛凛的事物充满好奇。因此本次活动,教师将结合幼儿的兴趣热点,从古至今和幼儿互动"矛""盾""枪""坦克""航母"等武器,通过讨论告诉孩子们兵器的利弊,正确地看待兵器的价值,帮助幼儿建立喜欢、向往和平生活的积极情感与态度。

活动六:猫咪之战(偏健康领域)。绘本中猫咪形态各异,很多有趣的姿势引起了幼儿强烈的模仿欲,孩子们对猫咪这一角色充满好奇,为此,我们设计了本次健康领域活动,在猫咪大战的情境中,设计了"本领之战"和"对抗之战"两场"战役",来激发幼儿对活动的兴趣,提高幼儿的身体力量和耐力。大班幼儿喜欢参与竞技类的运动活动,因此本次活动定能激发幼儿的运动情绪,让幼儿在游戏中积极挑战、快乐成长。

活动七:小猫找脸谱(偏科学领域——数学)。"小猫找脸谱"活动借助《长坂坡》的情境进行设计,活动中不同颜色的黑白两猫,需要在幼儿的帮助下,用最短的路线找到"脸谱",并通过小组合作的方式,用最适宜的策略和方法,帮助小猫获得更多的"脸谱"。活动不仅延续了绘本的元素,同时借助《京剧猫》情境,帮助幼儿在"找脸谱"的游戏中进一步理解前后左右的空间方位,激发幼儿探索空间移动和距离远近的关系。

活动一:长坂坡(偏语言领域)

活动目标:

1. 观察、辨析图片中的人物和角色,理解故事内容。

2. 感受故事的有趣和好玩,体会故事表演的乐趣。

活动准备:

物质准备:教学 PPT(绘本故事内容),绘本故事图片若干("曹刘"军旗、白脸猫、黑脸猫等),展示板一块(用于呈现故事图片),幼儿人手一本绘本(用于自主阅读)。

经验准备：有一定的表演经验。

活动过程：

一、观察图片，激发表演兴趣

1. 出示图片，导入活动

教师同时出示绘本第1页(三更之后)至绘本第3页(比人表演的不知道精彩多少倍)内容。

重点提问：故事中来了谁，猜猜小猫们在做什么？(来了很多小猫/小猫们在屋顶上跳舞/有小猫在翻跟头/小猫在舞台上表演)

> 小结：三更之后，所有人都离开了剧场，一群小猫"锵锵锵"地登上舞台，他们也想来一场与众不同的表演。

2. 尝试表演，激发兴趣

师：你们会表演吗？谁愿意来演一演你会的故事？(会，我会演"艾莎公主"/我会表演"小哪吒"/我会演"大鲸鱼在海边"的故事)

幼儿尝试表演。

> 小结：这就是表演，用语言、动作、表情来表现角色和故事内容，如果加上固定的妆容、服饰、道具等，小朋友们也能演很多精彩的剧目。

二、辨析图片、理解故事内容

1. 引出剧目，开展阅读

出示绘本第4页内容(今天的剧目是……)。

过渡：故事中的小猫也和小朋友们一样在表演，这天晚上，他们在演一个三国时期发生在长坂坡上的精彩故事。

师：打开绘本，我们看看故事中发生了什么？(自主阅读绘本"百万曹军算什么"这一页至"夏侯杰吓得当场晕死过去"这一页)

2. 交流分享，积极互动

重点提问1：故事中发生了什么事情，谁和谁在打仗，你是怎么知道的？(故事中的小猫在打仗/黑猫和白猫在打仗/刘备和曹操，书上写了/书上有旗子，旗子上还有字表示打仗的队伍)

师：是啊，你们观察得很仔细，故事中的黑脸猫叫张飞，白脸猫叫曹操，他们正在打仗。

重点提问2：故事中来了好几只京剧猫，猜猜他们都是哪个军队的，为什么？(黑脸猫是刘军，他的旗子上写着"刘"字/白脸猫是曹军，他后面的蓝色猫也是曹军的，他背着旗子，还有旁边的几只猫也是曹军的/有一只猫被黑脸猫打倒了)

师：这只猫的名字叫"夏侯杰"，被黑脸猫张飞打倒，说明他是哪个军队的呢？(黑脸猫

是刘军的,那么被打倒的就是曹军的)

教师根据幼儿回应进行梳理,在黑板上出示曹、刘两队旗帜,并分组依次添加黑脸猫张飞、白脸猫曹操以及其他小猫的图片。

> 小结:原来从两队的旗帜中我们能够发现,是曹军和刘军在进行作战,而且不同的京剧猫在其中扮演着不同的角色。

师:这个故事发生在三国时期,三国时候有一个人叫刘备,还有一个人叫曹操。曹操攻打刘备,刘备手下有一员猛将叫张飞!他威风凛凛、勇猛异常,在曹操攻打刘备时,张飞一个人抵挡了曹操的军队,曹军谁也不敢再往前进攻!

师:哪支军队在追击,哪支军队在逃跑?是谁阻挡了曹军的追击?(刘备逃跑/曹军在追击,但是被张飞拦住了)

师:黑脸猫张飞给你什么样的感觉?(张飞很厉害、很强壮/张飞力气很大,他会武功,还有兵器)

3. 尝试表演,深入理解

师:曹操大军有很多人进攻,黑脸猫张飞怕不怕,他是如何抵挡曹操大军的,什么叫气势?(不怕/张飞很厉害,他一个人就挡住了曹操的进攻/张飞声音很大,气势很棒)

师:张飞抵挡大军时是怎么说的?谁能来演一演勇敢威武的张飞?

教师邀请个别幼儿表演黑脸猫阻挡曹操大军的情景,大胆模仿黑脸猫语言:"张飞在此,谁敢和我决一死战。"并在动作、表情、语气等方面适时引导,鼓励幼儿大胆表演张飞"勇猛威武"的形象。

三、集体阅读,感受故事的有趣和好玩

过渡:京剧猫们正在表演精彩的三国故事,台下的观众猫们都禁不住齐声为黑脸猫张飞喝彩!接下来会发生什么呢?我们一起来看一看。

教师播放教学 PPT。

师:京剧猫的表演顺利完成了吗?(没有演完,因为有一位大妈进来了/小猫们被吓到了,都躲在了门后面)

师:后面的表演怎么样,为什么黑脸猫张飞第一声和第二声喊叫威风凛凛,第三声喊叫的时候声音听起来颤抖抖的样子?(观众猫们都回家了,后面的表演不精彩/黑脸猫害怕大妈,他也很胆小/前面是因为黑脸猫要挡住曹操军队,所以很大声,要吓跑他们/后面黑脸猫怕人来,所以声音很小,不敢说话)

教师可引导幼儿观察大妈走错门时黑脸猫的表情。

> 小结:故事非常有趣,一群小猫在表演非常精彩的三国故事,表演过程中还出现了小小的意外呢,真是又好气又好玩!

结束语：故事中还出现了哪几只猫？（龙套猫、报幕猫）他们都分别在干什么呢？
进一步引发幼儿后续观察与阅读的兴趣。

活动延伸：

1. 在展示板上以图片演绎的形式，和幼儿共同完整叙述故事内容。
2. 分配京剧猫角色，尝试表演长坂坡的故事。

活动设计者：沈荣（华东师范大学附属紫竹幼儿园）

活动二：京剧国粹（偏社会领域）

活动目标：

1. 走进京剧，感受京剧国粹的魅力。
2. 喜欢京剧文化，了解中华文化的渊源。

活动准备：

物质准备：京剧《长坂坡》视频选段（见附件），相关的京剧脸谱若干，梅兰芳赴国外演出的图片或视频。

经验准备：有一定的表演经验。

活动过程：

一、播放京剧片段，感受京剧魅力

1. 欣赏京剧《长坂坡》

导入：今天老师给你们带来了一段与众不同的表演视频，我们一起来欣赏一下。

2. 交流分享

师：这是在表演什么，他们的表演和普通的表演有什么不一样？（他们在演戏/这个叫作京剧表演，我去北京看到过/普通的表演脸上化一点点妆，京剧演员脸上画了很多妆/他们的衣服也很不一样）

小结：这是中国特有的京剧表演，这些演员脸上都画着各种各样的脸谱，而且穿着特别的服饰，有的手上还拿着相应的道具，和我们日常看到的表演很不一样！刚刚视频中京剧演员表演的剧目名为《长坂坡》。

二、走进京剧国粹，了解京剧特点

教师在视频选段中选择唱、打、念等片段，进一步引导幼儿观察发现。

重点提问 1：京剧表演中，除了脸谱、服装、道具和我们平常见到的表演不同之外，还有

哪些特别的地方？刚刚京剧演员们是如何表演的？（他们不像我们平时讲话一样，他们是唱出来的/他们表演打仗/走路也很不一样）

重点提问2：要成为一个京剧演员，需要哪些本领？（需要会唱/要会表演/还要学习舞蹈怎么转身）

> 小结：演员们在表演的时候需要很多本领，有时需要唱，有时需要念；有时需要表演，有时需要打斗，所以唱（唱功）、念（念白）、做（表演）、打（武功）是戏曲京剧演员们最基本的四个本领，有了这些本领，演员们就能在台上更好地演出。

三、体验京剧文化，感受中华文化的渊源

1. 尝试表演，体验京剧文化

师：哪位小朋友愿意模仿一下京剧演员的表演？

幼儿选择脸谱，尝试唱一唱京剧或模仿京剧中的相关动作。

2. 介绍京剧大师，感受中华文化的渊源

师：我们国家有很多著名的京剧演员，其中有一位京剧大师，他将中国京剧带到了世界的舞台，我们一起来了解一下。

师：让我们一起来欣赏这位艺术大师的京剧表演！

教师介绍或者播放梅兰芳赴国外演出的图片或视频。

> 小结：梅兰芳是我们国家著名的京剧演员，是世人敬仰的京剧艺术大师，他将中国京剧带到了世界的舞台，他的高超表演让世界对中国的"国粹"京剧刮目相看。

活动延伸：

1. 关注京剧文化逐渐式微的状态，愿意进一步欣赏、感受京剧的魅力。
2. 尝试制作京剧脸谱，喜欢表演京剧。

活动设计者：沈荣（华东师范大学附属紫竹幼儿园）

活动三：京剧脸谱（偏艺术领域——美术）

活动目标：

1. 了解脸谱夸张、对称、色彩鲜明的基本特点，大胆为京剧人物面部进行装饰。
2. 为京剧脸谱是中国特有的艺术形式而骄傲，培养民族自豪感。

活动准备：

物质准备：教学PPT（脸谱图片若干），油画棒，与幼儿脸部大小相仿的黑、白、红椭圆形纸。

经验准备：对京剧有一定了解；参加活动或比赛时幼儿有过化妆的经验。

活动过程：

一、说唱京剧

师：小朋友们，你们都看过哪些京剧？说说你最熟悉的京剧是什么？（我回家和爸爸妈妈又看了一遍《长坂坡》/我看过《花木兰》的京剧/我看《空城计》的京剧，它也是三国的故事）

师：你们喜欢京剧吗？试着唱一唱你会的京剧。

> 小结：很多小朋友对京剧都有了一定的了解，京剧是我们国家特有的一种艺术表现形式，受到很多国内外人士的喜爱。

二、观察欣赏、发现秘密

1. 积极主动，勇于表达

师：说说你最喜欢的京剧人物是谁？（我喜欢花木兰，她是女扮男装帮爸爸打仗去的/我喜欢张飞，张飞很厉害）

2. 观察欣赏，寻找秘密

教师出示 PPT（张飞、曹操、关羽京剧脸谱图片），引导幼儿观察、欣赏京剧人物脸谱。

过渡：仔细观察他们的脸谱，说说有什么特点？

重点提问：京剧脸谱的五官图案和一般的化妆有什么不一样？你发现了脸谱的哪些秘密？（京剧人物的妆都很浓/红红的脸谱，颜色很漂亮）

引导幼儿关注脸谱上有什么样的图案，像什么？它主要是什么颜色，给你什么样的感觉？（张飞的脸谱额头上的妆有点像小水滴的形状，它是黑色的/这个脸谱的上面有一个是爱心形状的，也有一条一条的/有的脸谱给我的感觉是它是坏坏的，有的是好的/白色的是曹操，它也有黑色，但主要都是白色的）

师：脸谱上还有哪些特点？（脸谱左边和右边是一样的图案/是对称的）

> 小结：脸谱是一种具有中国文化特色的特殊化妆方法，个同的脸谱代表不同的人物，而且不同的颜色有不同的含义，可以从颜色上判断此人是好是坏。脸谱的五官造型夸张、色彩丰富，由不同的图案组成，而且脸谱的左右两边是对称的。

3. 丰富拓展，说说发现

师：这里还有很多其他的脸谱，和旁边的小朋友说说你看到的脸谱还有哪些其他的特征？（这个脸谱也有很多黑色的地方，是对称的，和张飞的脸谱很像/这个脸谱是孙悟空，脸上是一颗大的爱心形状/红色是好的）

三、自制脸谱，大胆装饰

自主选择脸谱。选择自己喜欢的京剧人物，在椭圆形纸张上大胆运用颜色、图案的夸张和对称，对京剧人物面部进行装饰。

师：选择一个你自己喜欢的京剧人物，试着给他画一个脸谱吧！

教师关注、引导幼儿尝试使用对称的方式进行装饰。（在操作前将椭圆形纸张进行纵向对折，留下折痕，便于幼儿有意识地进行对称装饰）

四、分享交流

根据幼儿装饰的京剧人物进行归类，比较、欣赏同一人物的不同画法。

师：你画的是谁的脸谱，它有什么特点？（我画的是曹操的脸谱，有的地方是一条一条的图案，这些是黑色的，但其他地方都是白色的）

师：这两位小朋友画的都是曹操的脸谱，仔细观察，他们画的有什么不一样？（这个画得更好看一点，它脸上的图案画得很大，不是小小的）

> 小结：小朋友们画得都很棒，很多小朋友在设计脸谱时图案夸张，而且颜色鲜明，更重要的是左右相互对称，脸谱画得都很有特点。京剧脸谱是一种具有中国文化特色的化妆方法，是中国特有的传统文化标识之一。

附拓展知识：

京剧脸谱是一种具有中国文化特色的特殊化妆方法，京剧脸谱艺术是广大戏曲爱好者非常喜爱的一门艺术，是中国特有的传统文化标识之一。

京剧脸谱色彩十分讲究，它不仅颜色漂亮，而且不同的颜色还都有不同的含义，凸显不同人物的类型、年龄、性格、品质等。一般来说，脸谱的通用色彩含义为：红色代表忠勇侠义，多为正面角色（孙悟空、关公）；白色代表阴险奸诈，多为反面角色（曹操）；黑色代表直爽刚毅、勇猛正直（张飞、包公）。

活动设计者：沈荣（华东师范大学附属紫竹幼儿园）

活动四：长坂坡·音乐史诗（偏艺术领域——音乐）

活动目标：

1. 感知音乐结构，并能根据乐曲特点表演故事情节。
2. 感受京剧音乐独特的魅力，体验合作表演的乐趣。

活动准备：

物质准备：音乐（《长坂坡·音乐史诗》整段、Ⅰ段、Ⅱ段、Ⅲ段）；白色卡片，记号笔，黑板；人物胸饰（张飞、曹操、猫兵猫将）。

经验准备：阅读过绘本《长坂坡》。

活动过程：

一、倾听音乐，回忆故事

师：还记得绘本《长坂坡》吗？今天老师带来一段既特别又有趣的音乐，请你们听一听，这段音乐和长坂坡有什么关系？

师：你们觉得这段音乐和长坂坡有什么关系吗？（有关系/音乐刚响起来的时候好像是张飞出来了一样）

师：这段音乐让你们想到这么多故事情节呀！我们赶紧把它记录下来吧。

教师将幼儿回忆的长坂坡故事按主要情节记录在卡片上。

二、理解音乐，随乐动作

1. 分段听音乐，梳理故事情节

师：说起来这首音乐真像是长坂坡的伴奏呢！在音乐的什么地方发生了你所说的故事情节呢？

让我们再听音乐找找吧。音乐有三段，你们想先听哪一段？这段音乐和你们记录的哪个故事情节比较像，为什么？（最后一段，音乐听起来很热闹/开始的一段，越来越快，很有意思）

师：听了这段音乐，你感觉怎么样？发生了什么事？

重点提问：谁出现了？心情怎么样？他做了什么？可以试着表演一下吗？（张飞出现了/张飞很勇敢，一点儿也不害怕/他拿了武器要挡住曹军）

教师依次播放Ⅰ段、Ⅱ段、Ⅲ段音乐，引导幼儿大胆表达自己对音乐和故事之间关系的联想，并将符合描述的第一环节的故事卡片贴在黑板上；若幼儿有新的想法，可增加故事卡片。教师依据幼儿表达作情节和动作的小结。

师：你们的想象力可真棒！那这三段故事怎么排序呢？哪一段先发生？接着是哪一段？（Ⅰ段先发生/然后是Ⅱ段）

引导幼儿关注故事发生的顺序。

小结：每段音乐在旋律和节奏上都有自己的特点，所以让大家想到了不同的故事情节。

2. 自主协商，尝试分组

师：三段音乐，你们想表演哪段故事呢？（我想表演张飞出场的那段/我想表演打仗的那段）那我们分组试试吧。

幼儿自主分成3组，一组演Ⅰ段音乐、一组演Ⅱ段音乐、一组演Ⅲ段音乐，并自选角色佩戴胸饰。

3. 小组表演,交流分享

重点提问:你喜欢谁的表演,为什么? 好在哪里/有什么小建议? (I组演得很好,因为他们的动作看上去像真的在打仗/II组,他们的表情看上去很勇敢/II组,他们是听音乐表演的,音乐越来越快,动作也越来越快)

> 小结:看来表演的时候不仅动作很重要,表情也很重要,而且根据音乐的速度和节奏表演就更精彩了。

引导幼儿根据音乐的节奏、角色的特点优化表演。

4、完整演出,随乐动作

师:小组表演完了,我们试试一起完整演出吧! 接下来,让我们跟着音乐一起欣赏故事表演《长坂坡》!

三、回看活动,表达感受

师:今天我们既欣赏了音乐,又表演了故事。感觉怎么样?

活动延伸:

将音乐投放至音乐区,鼓励幼儿进一步丰富表演。

活动设计者:何姿(杭州市滨江区钱塘山水幼儿园)

活动五:有用的兵器(偏科学领域——科常)

活动目标:

1. 初步了解不同的兵器,知道兵器的用途。
2. 乐意交流和讨论有关兵器的话题,向往和平的生活。

活动准备:

物质准备:不同的兵器图片若干,展示板(用于呈现兵器图片),红色和绿色贴纸若干,视频(介绍现代兵器)。

经验准备:调查古代的兵器。

活动过程:

一、出示图片,导入活动,说说黑脸猫张飞的兵器

师:这只黑脸猫还记得是谁吗,认识它手中的兵器吗? (黑脸猫是张飞/它的武器是古时候的"枪"吗)

师:黑脸猫张飞手中的兵器叫作"矛",因为矛杆长一丈,矛尖长八寸,矛尖又像蛇的样子,所以叫作"丈八蛇矛"。

小结：黑脸猫张飞手中拿的兵器的名字叫作"丈八蛇矛"，矛是古代战争中常用的兵器，有长柄和刀刃，能够用来刺敌进攻。

二、观察兵器，猜测用途，认识不同的古代兵器

1. 自由讨论，互动经验

师：小朋友们，你们还知道哪些古代的兵器？和旁边的小朋友们相互说一说。（我知道"剑"，能刺敌人/"盾"也是一种兵器，但是它不能进攻，是用来防守的/古代还有人用"大刀"）

2. 观察兵器，了解兵器

教师在展示板上出示不同的兵器图片，请幼儿将红绿两色的贴纸分别贴在自己最熟悉或最想了解的兵器图片处。

师：展示板上放有很多兵器图片，这些兵器你们都认识吗？如果你认识某一个黑板上的兵器，可以将绿色贴纸贴在这张兵器图片的旁边；如果你不认识某一个兵器但又对它很感兴趣，可以将红色贴纸贴在它的旁边。

根据幼儿的选择进行分享交流。

重点提问 1：这几种兵器绿色贴纸最多，想必你们都很了解它们，谁愿意来说说这些兵器叫什么名字，它们有什么用途？（它的名字叫作弓箭，敌人来了它能够射得很远/这两个是"剑"和"大刀"，也是用来抗击敌人的）

师："剑""大刀"和"弓箭"都是抗击敌人用的，那么它们之间有什么不一样？（"弓箭"是很远的距离就能抗击敌人，"剑"要很近才能抗击敌人）

师：虽然"剑""大刀"和"弓箭"都是抗击敌人用的，但是在古代战场上，它们能起到不同的作用，尤其是"弓箭"，能在很远距离进行对战。

重点提问 2：你们对××很感兴趣，谁愿意猜一猜它的名字，说一说它的作用？（这个有点像饭叉）

师：确实，它的名字叫作"叉"，和"矛"一样，通过"刺"的方式和敌人战斗，也是近距离进攻的兵器。

小结：这些都是古代战争中使用到的兵器，像剑、矛、大刀、叉等是近距离进攻的兵器，弓箭则是远距离进攻的兵器，而盾可以用来抵御其他兵器的进攻。

三、说说聊聊，播放视频，认识现代武器

1. 相互交流，说说现代兵器

师：你们知道现在有哪些兵器吗？（战斗飞机/导弹，导弹很厉害的/原子弹，爸爸说过原子弹才厉害/航母也是的，很大，飞机都能在航母上开/我认识坦克，我和爸爸去看过坦克）

师：有很多现代武器能保护陆地、天空和海洋，我们一起来了解一下。

> 小结：枪、炮、坦克、军舰、护卫舰、航母、核潜艇、战机等都是现代的兵器，有的在陆地上使用，有的则在海洋或天空中使用。

2. 播放视频，了解当代武器

3. 讨论现代兵器的作用和危害，产生喜欢、向往和平生活的情感

师：现代兵器有什么作用？（保护自己的国家/保护我们）

师：如果发生了战争，我们的生活可能会变得怎么样？兵器可能会给人们带来哪些危害？（发生战争就没有家了，不能发生战争/发生战争了我们就要逃跑，就不能来幼儿园了/发生战争了就会失去亲人）

引导幼儿了解兵器最重要的作用就在于保护自己，而非主动进攻他人。

> 小结：兵器有非常重要的作用，可以保护自己，避免他人进攻；但滥用兵器会造成很多危害，现在的和平生活来之不易，相比战争，我们都喜欢、向往和平的生活。

活动延伸：

1. 未来的武器——畅想未来可能会有怎么样的武器，尝试绘画或搭建。

2. 开展辩论活动——未来生活是否还需要武器，为什么需要或不需要武器？

活动设计者：沈荣（华东师范大学附属紫竹幼儿园）

活动六：猫咪之战（偏健康领域）

活动目标：

1. 在猫咪之战中，增强身体力量，提升耐力。

2. 敢于尝试，不怕失败，在竞技游戏中体验运动带来的快乐。

活动准备：

体操垫若干，黑、红两色即时贴（在地面贴黑线和红线各一条），计分牌，场地布置（见附件）。

活动过程：

一、学做猫咪，激发兴趣

导入：小朋友们对猫咪都很熟悉，谁愿意跟大家分享几个小猫的动作？

1. 个别幼儿模仿猫咪的动作，其他幼儿尝试模仿学习

师：来，我们跟着这只小猫咪，学学它的动作！

2. 进一步活动身体，跟随老师一起学做小猫咪

师：我们一起来试试，在体操垫周围动一动吧！

师：猫咪走路轻又轻，踮起脚尖走一走（踮脚走路）；猫咪蜷缩爱睡觉，伸个懒腰停几秒（在体操垫上蜷缩、拉伸身体）。

3. 几组动作可循环若干次

二、猫咪之战

（一）猫咪"本领之战"（参考附件中的"场地布置一"）

1. 自由分组，交代规则

师：请猫咪朋友分成两组，一组黑猫队，一组白猫队，同队内的猫咪朋友一起商量，有3分钟时间，可以通过体操垫来展示你们最棒的运动本领，想想体操垫可以怎么玩？怎么玩才能难倒对方？商量时间结束后，分别回到黑线和白线上来相互比一比！如果你们展示的玩法对方不会玩，那么就能赢得分数！

2. 幼儿自主尝试

3. 各自展示，相互较量

师：好，请猫咪们分别坐在黑色和白色的线上。

重点提问：你们是怎么玩的，看看对方是否能玩？（我们把垫子叠起来垒高，比人还要高，然后冲过去翻过垫子）

师：黑猫队的本领是"翻越大山"，白猫队试试看！

白猫队尝试"翻越大山"。

师：白猫队呢？要不要来考考黑猫队！（我们队是把垫子打开，拼成长长的路，躺着从这一头翻滚到另一头）

师：白猫队也有很厉害的本领，它们用了"平躺翻滚"来考验你们，黑猫队敢不敢挑战一下？

黑猫队进行尝试。

通过竞争计分，鼓励幼儿自主尝试更多具有挑战性的运动内容，例如：

➤ 把垫子垒高至一定高度，从地面双脚并拢往上起跳。

➤ 把两侧垫子均垒高至一定高度，中间留出一定的距离，从这侧垫子上跳至另一侧垫子上。

➤ 将垫子垒在一起，合作抬起较多垫子并持续若干秒钟。

小结：看样子不论是比翻越还是比翻滚，比跳高还是比跳远，包括举垫子比力量，黑猫和白猫都很厉害！

注：在黑白猫之间各自比赛时，教师需根据幼儿自主选择的内容，进行有针对性的引导，如在垫子上平躺翻滚时，教师需引导幼儿躺好后双脚并拢夹紧，双手举过头顶，手臂

贴住耳侧夹紧后再翻滚,掌握动作要领。

(二) 猫咪"对抗之战"(参考附件中的"场地布置二")

1. 介绍规则

师:比了很多,这次我们来一个难的,想不想比比"推垫子",看看谁的力量大?(想/我们肯定赢)

师:这次的"推垫子"比赛可不简单,我在中间竖立摆放一张垫子,两边各站相同的人数,相互通过"推"来对抗,谁将垫子推过去了,那个队就获得胜利,胜利的一队可以累计加分!

2. 单人赛

师:想想怎么样才能将垫子推过去,让垫子往对方处倒?(力气要大/要特别用力推)

师:好,请猫咪队派出选手,那在"对抗之战"开始前,请两队的猫咪选手相互握手,以示友好。

3. 分享交流

教师分别询问"胜利者"和"战败者"。

重点提问 1:为什么刚才的比赛中你获得了胜利?(因为我的力气很大/我还听"什么时候开始",开始了就要用力了,不然就输了)

师:用力推一下就可以胜利了吗?(不是的,要一直推,不能让对方推过来,要坚持住)

师:看样子,力量很重要,耐力也很重要,要持续地推,坚持到最后。

重点提问 2:如果下次再比一次,你会用什么办法战胜对方?(我刚刚没有站稳)

师:想想怎么样才能站稳?(把脚打开,打开才站得稳)

师:怎么打开双脚,在刚刚的比赛中,两边打开还是前后打开站得更稳?(前后打开更稳,前后打开还能用力往前)

引导幼儿进一步比较"前后脚打开站立"和"弓步站稳"的区别。

> 小结:比赛可是一瞬间就能决定输赢的哦,仔细听"开始"的信号,并用上自己的所有力量,坚持往前推。但还有一点也很重要,就是要学会站稳,"弓步"可以让你站得非常稳,而且还能保护自己。

4. 多次开展比赛,或逐渐开展多人赛

师:多人赛和单人赛有什么不同,需要注意什么?怎么样才能取得胜利?(每个人都要一起用力推才能胜利/人多了要注意安全,不能把其他人压在下面/要站稳才能赢)

> 小结:所有参赛的猫咪都要时刻准备好开始比赛,"弓步站稳",听清楚"开始"的信号,比赛开始后一起"用力"。注意保护自己,也要学会保护同伴,不压在同伴身上。

三、放松活动

1. 学习猫咪伸展肢体,进行放松

2. 师幼共同收拾器械

活动延伸:

后续活动中,可通过相互投掷海洋球开展猫鼠之战的游戏,提高幼儿灵活躲闪的能力。

附:

场地布置一

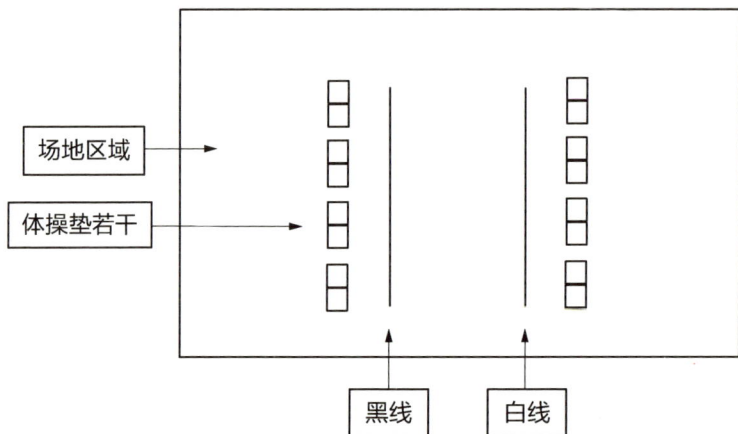

图 3-1-3

场地布置二

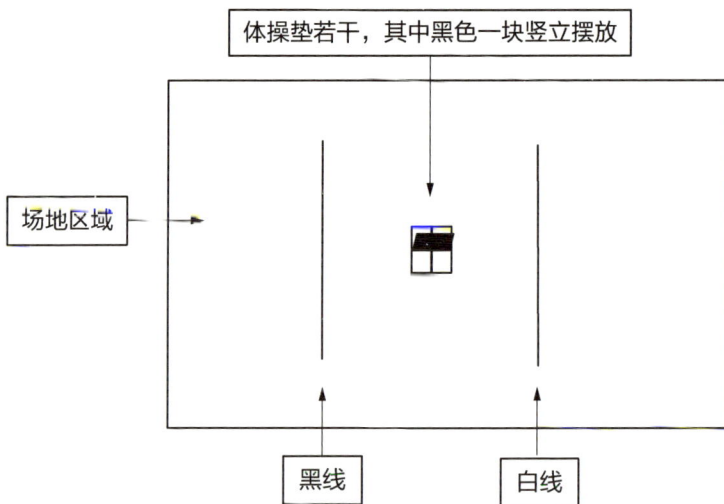

图 3-1-4

活动设计者:沈荣(华东师范大学附属紫竹幼儿园)

活动七：小猫找脸谱（偏科学领域——数学）

活动目标：

1. 在"找脸谱"游戏中进一步理解前后左右的空间方位。

2. 积极思考，乐于探索空间移动和距离远近的关系。

活动准备：

物质准备：PPT（网格棋盘、小黑猫、小白猫、脸谱）、一枚骰子。

经验准备：具备分组比赛的经验。

活动过程：

一、熟悉游戏情境，了解游戏玩法

导入：小朋友们，这是什么？（这是一个一个的格子/这个有点像棋盘）

师：是的，很像棋盘，今天我们和两只小猫做游戏，它们是绘本中的京剧猫，会在棋盘格子中寻找自己的脸谱上台演出。

二、积极思考路线，合理赢得脸谱

游戏玩法：在格子的前方有一张脸谱，两只小猫从同一地点出发，每次可以往前走一格，如果前方有障碍，需要请小朋友们帮忙提醒小猫绕过它，谁最快到达脸谱的格子，谁就能拥有这张脸谱。

1. 用最快的路线找到脸谱

重点提问：前面有很多条路可以通行，但是脸谱只有一张，哪一条路最方便呢？你觉得哪一条是最短的路？请说说理由。（我觉得这条路最短，因为它只往前走了 11 步就到达了）

师：你们同意他选的这条路吗？为什么？（我觉得这边也能绕过去得到脸谱，而且这条路更短）

师：怎么证明这条路是比较短的？请你来试一试。（走这边只需要 10 步就到了）

师：你们都同意吗，这条路是最短的吗？怎么证明？

> 小结：数格子可以帮助我们判断路线的长短，格子数量越多，路线越长，格子数量越少，路线越短。

2. 用适宜的方式寻找更多的脸谱

师：这次我们来一个小组比赛，通过掷骰子的方式，看看黑猫取得的脸谱多，还是白猫取得的脸谱多！

（1）自主分组，选择小猫。

师:一共两组,每组人数需要一样多,想想我们每组应该有几个人?

(2) 交流玩法,开展游戏。

师:每队轮流掷骰子,掷到数字几就走几步。每次可以请一位小朋友来掷骰子、说路线,一位小朋友上来移动小猫。网格的前后左右都可以走,走到脸谱这一格,就可以赢得脸谱,直至所有的脸谱都取完,结束后哪一队获得的脸谱多就胜利!

师:听清楚游戏玩法了吗?(听清楚了)

师:好的,哪一组先开始,对方同意吗?(可以玩"石头、剪刀、布"游戏,赢的先走)

师:石头、剪刀、布,来,这一轮黑猫开始,谁来掷骰子,谁来移动小猫?

重点提问:你们组掷到了数字几,你们打算怎么走,为什么这么走?(掷到了数字4,先往前/上走两步,再往右走两步/这样就和前面的脸谱比较近了,等会就能赢得脸谱)

师:好的,白猫组。

师:你们组掷到的也是4,你们打算怎么走,为什么?(我们也往这里走,和黑猫组的路线一样)

师:好的,其他同伴都同意吗?(不同意/我也不同意)有不同的走法?为什么?(往这里走,因为这里等会有机会赢得两张脸谱/不能和他们一样,因为等会黑猫如果先赢得了前面的脸谱我们就没有了)

小结:看来不仅要思考清楚前进几步,更要思考前后左右怎么走才能赢得更多的脸谱。

三、比较脸谱数量,思考下次游戏

师:你们一共赢得了几张脸谱?

师:你们组为什么赢得了胜利,有什么好方法?(我们会往脸谱多的地方前进,这样能赢得的脸谱就多/我们组掷到的骰子数量大,就能赢得更多的脸谱)

师:你们组想到了什么办法帮助自己下次获得胜利?(不能一直跟着别人,不然就可能赢不了脸谱/要思考清楚往哪边走)

活动延伸:
自主摆放地垫"网格",通过区域游戏活动进一步开展游戏。

活动设计者:沈荣(华东师范大学附属紫竹幼儿园)

绘本剧：《长坂坡》

人物：张飞猫、曹操猫、龙套猫4人、夏侯惇、大妈、观众猫4人、张猫兵4人、曹猫兵4人

时间：三更之后

地点：剧场

【戏剧舞台布景，剧目结束的锣鼓声响起，渐渐减弱。画外音：三更之后，剧场里的人陆陆续续散了场。这下可乐坏了这群躲在屋顶上看热闹的京剧猫。

报幕猫1：散场啦！散场啦！现在，是我们的表演时间了！

报幕猫2：好戏马上开始，大家赶快搬好板凳啰——

【京剧猫们一个接着一个，悄无声息地从屋顶跳到舞台中。

报幕猫1：化好妆的当演员，没化妆的当观众，各就各位。

报幕猫2：今天的剧目是《长坂坡》，曹操起兵攻打刘备，刘备带着百姓逃跑，看张飞怎样斗曹操。

【报幕猫下场。开场锣鼓声中，跑龙套的猫们从右侧上场。

龙套猫：(排队形)锵！锵！锵！锵……(绕舞台一圈后两两对打，最后造型)

观众猫：(喝彩)好！

【张飞带着京剧猫们左侧上场。

龙套猫1：报告将军！曹操百万大军已到，大王已带着百姓先走了，请将军断后阻挡。

龙套猫2：将军，曹操可是百万大军，你就带着20多兵马能挡得住吗？

张飞猫：哼，曹操百万大军算什么！我一个人就可以挡住他们。

龙套猫3：将军好威武啊！曹操一定不是您的对手。

龙套猫4：将军声音大得就像轰隆隆的打雷声，曹操和他的士兵肯定吓得屁滚尿流。

张飞猫：别废话了，你们掩护好大王和百姓快走吧。

众龙套猫：是！

【龙套猫们下场。曹操猫带着大小猫兵猫将浩浩荡荡地出场。音乐中队形不断变化地律动。

曹操猫：小的们，赶紧了，抓住刘备重重有赏！

张飞猫：(站在桥头大声一喊)张飞在此！谁敢与我决一死战？

(曹操猫手下猫兵猫将被吓得发抖，不敢向前)

曹操猫：(问身旁大将夏侯惇)这个黑脸猫是谁？

夏侯惇：他叫张飞，是个莽撞的猫！

曹操猫：(脸发白)我听说过他，他是一个盖世的英雄，今天看见果然威风凛凛！

曹猫兵 1：大王，此黑脸猫很会吹牛，说他一个人就可以挡住我们的百万大军。

曹操猫：哈哈哈，这牛吹得确实有些大。

张飞猫：笑什么！有本事放马过来！

曹猫兵 2：黑脸猫，别得意得太早，你迟早会成为我们大王手下败将。

张飞猫：(大喊)张飞在此！谁敢和我决一死战？(声音响得像炸雷)

夏侯惇：啊！(大将夏侯杰吓得当场昏死过去，曹操猫兵猫将吓得乱作一团)

观众猫：(喝彩)好！

张飞猫：(得意)张——(忽然传来了推门声)

【睡得迷迷糊糊的大妈推门进来，所有的猫都躲了起来。

大　妈：(迷迷糊糊)哎哟，这是哪儿？走错门了？

【所有的猫吓得颤巍巍的，等迷糊大妈离开后，所有猫乱哄哄地又回到自己的原位。

观众猫：继续，继续！

张飞猫：(偷偷拍了拍胸口)妈呀！(定了定神，提了口气)张飞在此！谁敢和我决一死战？(声音听起来颤抖抖的，再也没有开始的豪气)

张猫兵 1：咦，将军这是怎么了？这是他的声音吗？

张猫兵 2：莫非他是被那位大妈吓破胆了？连声音都变了。

张猫兵 3：胡说！咱将军曹操的百万大军都不怕，还会怕一个大妈？

张猫兵 4：别说了，看看曹操就知道了。

曹操猫：(偷笑)咦？怎么演法不一样了？

曹猫兵 3：(悄悄地)大王，张飞猫怎么突然不厉害了？

曹猫兵 4：不行，不行，原来不是这样的。

曹操猫：(敬业地假装害怕)哎呀！张飞果然英勇，喊声就像打雷一样。真是长板桥头一声喝，直吓退我百万曹军啊啊啊。

曹猫兵将：哈哈……张飞威武！

张飞猫：(尴尬)嘿嘿。

【观众猫并不买账，拿起板凳陆续离开。

观众猫 1：哼！没劲！

观众猫 2：张飞的胆子也太小了！

观众猫 3：是啊，比我还胆小。

观众猫 4：没看头，走走走，睡觉去！

【报幕猫急匆匆上场。

报幕猫 1：各位留步，留步。真是对不起大伙儿！

报幕猫 2：明天午夜猫剧场继续开演，请大家一定要来捧场哟！

剧终

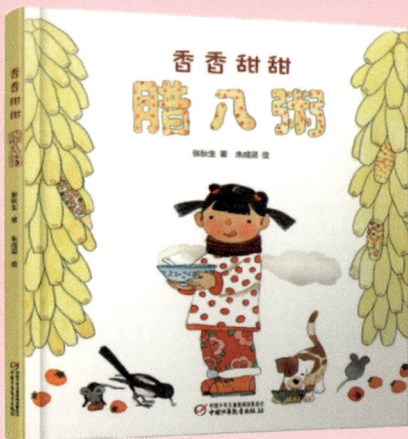

图 3-2-1

绘本 8:
《香香甜甜腊八粥》

作　者: 张秋生/著,朱成梁/绘

出版社: 中国少年儿童出版社

相关信息: 全国优秀儿童文学奖、宋庆龄儿童文学奖、陈伯吹儿童文学奖、冰心儿童文学新作奖获得者张秋生新作。

一、绘本赏析

腊八节是中国传统节日之一。腊八是指每年农历十二月(俗称腊月)的第八天,十二月初八(腊月初八)即是腊八节。腊八节在中国有着悠久的传统和历史,在这一天做腊八粥、喝腊八粥是全国老百姓最传统也最讲究的习俗。中国喝腊八粥的历史,仅书面记载的也已有一千多年了,至迟始于宋代。每逢腊八这一天,不论是朝廷、官府、寺院还是黎民百姓家都要做腊八粥。我国古代天子,农历每年的十二月要用干物进行腊祭,敬献神灵。腊祭包括两个方面:一是祭祀,二是祷祝。祭祀是祀八谷星神,用干物敬献,表示庆丰收之意。干物称腊,八是八谷星神,故称腊八。在时间上,腊祭又是在农历每年的腊月初八日进行的,腊月初八日亦称腊八。祷祝是腊祭的一个重要方面,内容是祈求来年风调雨顺,确保农业丰收。于每年的腊月初八日用干物祭祀八谷星神,进行祷祝,称为腊八祝或称蜡八祝,祝与粥谐音,于是就于每年的腊月初八日,将蔬果干物搅和在一起,煮熟成粥,敬献农神,以表示庆丰收之意,并进行祷祝。用腊八粥来谐音腊八祝的意思,这就是腊八粥的由来。

绘本《香香甜甜腊八粥》以腊八节为故事背景,通过嫣儿一家准备腊八粥的食材,熬粥,送粥,喝粥,给出门在外的亲人留粥,把腊八粥涂在树上等一系列活动,在温馨欢乐的场景中,表达了对美好生活的向往,传递出了腊八节这个传统节日的文化内涵。语言的力量和感人的图景结合在一起,使整个故事让人回味、让人充实。通过这本书,能看到大多数中国家庭勤劳、质朴的伦理观念。尤其是奶奶惦记着给在外打工的家人留腊八粥，让嫣儿给村里老人送腊八粥，都十分朴实感人。希望孩子能吸收这种正能量，内心充满爱。在腊八节这天，当奶奶让嫣儿做各种事情的同时，她也将朴实的人情理念根植在嫣儿的心中。这份朴实的人情观，充满了关爱和惦念，支撑嫣儿的内心变得更加强大。腊八粥让寒冷的冬天变得温暖和香甜，也给孩子单纯的童年带来美好的期盼和向往。它既是一个关于家庭和爱的故事，也是一个关于成长的故事。

《香香甜甜腊八粥》属于性格养成领域绘本，特别适合与五六岁孩子共同阅读。和孩子一起感受质朴的人情，丰富孩子对生活的体悟。书中的主人公嫣儿懂事又勤快，嫣儿帮奶奶搬东西，帮妈妈往灶孔里添柴，给年纪大的爷爷奶奶送粥的情节，是乐于助人和关爱他人的表现。在讲读的时候，可以问问孩子：嫣儿是一个怎么样的小姑娘？引发孩子的思考。通过嫣儿的故事教孩子学会感恩，学会爱与付出。这本绘本是典型的中国式画风，画面精美而温馨，洋溢着浓浓的淳朴的乡土人情。书中有许多怀旧感十足的物品，如压水井、装粮食的瓮、木梯、竹筐、簸箕、油灯等等。在讲读时要细心地给孩子指出。画面中有许多小动物，多次出现了小老鼠的形象，可以让孩子数一数书中有多少只小老鼠。关注细节可以让孩子增加读书的乐趣。当读到嫣儿一家坐在柿子树下和猫、狗、小老鼠一起喝腊八粥的场景时，告诉孩子要和动物和谐相处。读完故事以后，在寒冷的冬天，不妨和孩子一起煮一锅香香甜甜、热气腾腾的腊八粥。从挑选食材到熬制腊八粥，让孩子参与制作。在过程中体验传统文化的传承，丰富对传统文化的认知和感受，使整个故事让人回味、让人充实。

二、《香香甜甜腊八粥》主题活动设计

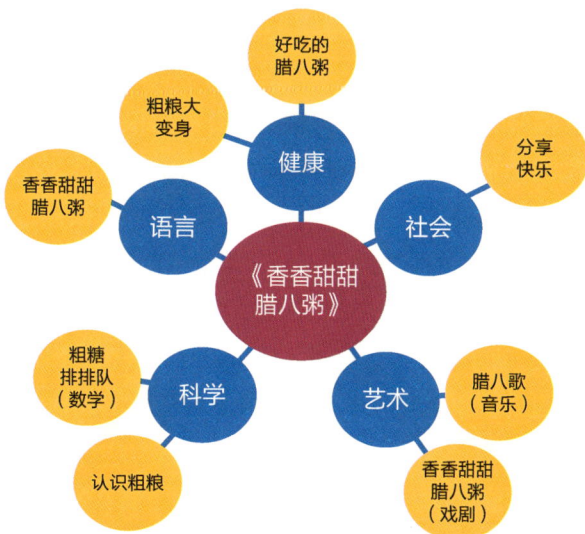

图 3-2-2

《香香甜甜腊八粥》活动设计意图

每年农历十二月初八是中国传统的节日——腊八节,腊八节在中国有着悠久的历史,在这一天做腊八粥、喝腊八粥是人们最传统、最讲究的习俗。在北方,人们常说"过了腊八就是年",可见腊八节在人们心中是十分重要的,因此民间一直传颂着这样一首朗朗上口的儿歌:小孩小孩你别馋,过了腊八就是年……其实腊八节远不止喝腊八粥这样一个习俗,腊八蒜、腊八面、腊八豆腐都是腊八节饮食文化的体现,更有关于岳飞、朱元璋的腊八小故事。而这些饮食文化和故事的背后,无不寄寓了人们对丰收的喜悦和对美好生活的向往。

绘本《香香甜甜腊八粥》中,就有这么一位小女孩"嫣儿",她满心期待腊八节的到来,"嫣儿"和奶奶一起准备做腊八粥的食材,和奶奶一起熬粥、喝粥、送粥,非常暖心。绘本也正是在一个个温馨欢乐的场景中,传递出了腊八节这个传统节日的文化内涵。此绘本的作者是著名儿童文学作家张秋生,并由著名插画家朱成梁绘图,真实有力的文字描述、拙朴感人的画风图景,使整个故事充实又耐人寻味,不仅宣传了中国民俗节庆腊八节的传统,更表达了人们对美好生活的向往。此绘本给大班年龄段幼儿欣赏感知再合适不过了,基于大班幼儿年龄特点,笔者设计了如下七个活动。

活动一: 香香甜甜腊八粥(偏语言领域)。大班幼儿有自主阅读的能力,能较好地理解画面的形象和内容,因此活动中,教师会带着孩子先进行自主阅读,再进行深度阅读,通过阅读绘本《香香甜甜腊八粥》,让幼儿在理解绘本内容的基础上,感受绘本中过腊八节的开心和喜悦,更好地理解绘本所传递的内涵。

活动二: 分享快乐(偏社会领域)。在理解绘本的基础上,让幼儿感受领会绘本中分享与关爱的情感也非常重要。本次活动将以谈话的方式展开,以生活中的相关知识点切入,让幼儿畅所欲言,真正地去找寻生活中分享与关爱的温暖瞬间。本次活动对教师的回应要求较高,需要教师不断小结,推进话题,因此教师可在观察、了解幼儿的基础上,对幼儿的回应有一个预设,以便更好地落实活动。

活动三: 认识粗粮(偏科学领域)。腊八粥就是用各种粗粮制作而成,味道醇厚,营养丰富,但幼儿日常所见多为粥,对原材料的各种粗粮却知之甚少,于是,我们专门设计了一次有关粗粮的科学认知活动。活动利用"你说我猜"的游戏,引导幼儿从形状、颜色、大小、用途、生长环境等方面全方位描述粗粮,在好玩有趣的游戏中帮助幼儿了解粗粮的科学知识。

活动四: 粗粮大变身(偏健康领域)。幼儿在生活中不仅时常能吃到各种粗粮,还能品尝到各种粗粮制品,但可惜的是,幼儿对相关粗粮制品的来源知之甚少。因此在本次活动中,幼儿会在认识粗粮的基础上,通过游戏和比赛的形式进一步了解粗粮的其他制品,知道多吃粗粮对身体有好处。

活动五: 好吃的腊八粥(偏健康领域)。幼儿知道、了解了腊八粥后,肯定会对这一食物的味道充满好奇,因此本次活动将以"制作和品尝腊八粥"为重点,让幼儿亲自动手参与、品尝,加深对腊八粥的味觉记忆。大班幼儿动手能力较强,能有效地讨论食材步骤、清洗食材、品尝整理,在动手动嘴中感受过节的热闹快乐。

活动六:腊八歌(偏艺术领域——音乐)。腊八歌是一首节奏简单(四拍子)、内容有趣的儿歌。在本次腊八歌活动中,幼儿可以通过拍手、踩脚、打响指等方式为歌曲伴奏,感受不同的节奏型。活动的最后,幼儿将通过小组间的配合,融入器乐,共同完成歌曲演奏,体验合作的快乐。

活动七:粗粮排排队(偏科学领域——数学)。粗粮排排队是一节非常好玩的数学游戏活动,活动中教师运用掷骰子的方式提高幼儿的活动兴趣,尊重幼儿的主动性,引导幼儿在探索和发现中复制并创造粗粮排队的规律,帮助幼儿丰富模式排序的经验。活动采用游戏的形式,让幼儿自主挑战,帮助幼儿在感知模式排序的基础上,体会活动的有趣和好玩。

活动一:香香甜甜腊八粥(偏语言领域)

活动目标:

1. 阅读绘本、理解故事内容。
2. 感受腊八节到来的开心与喜悦。

活动准备:

物质准备:教学 PPT(绘本内容),箩、篮子、簸箕、灶台、柴火等图片;绘本《香香甜甜腊八粥》(人手一本)。

经验准备:有过体验农村生活的经验。

活动过程:

一、辨析图片,感受农村生活的有趣和好玩

教师出示箩、篮子、簸箕、灶台、柴火等图片,引导幼儿初步了解农村生活。

师:图片上的东西你们认识吗,猜猜它是用来干吗的?(灶台我认识,我姥爷家有,灶台可以烧火/灶台下面烧火,上面可以煮饭或者炒菜/柴火就是放在灶台下面的,就是用干的木头/篮子我家有,可以用来装东西)

师:这些东西在农村经常出现,农村的叔叔阿姨、爷爷奶奶一般会将竹子做成箩、篮子、簸箕等,它们是一种装东西的容器;农村的叔叔阿姨还会去山上找柴火,通过灶台烧煮食物。

小结:农村生活中经常能看到这些城市中很难见到的东西,农村生活非常有趣,也非常好玩。

二、阅读绘本,了解绘本故事内容

1. 自主阅读绘本

过渡:今天老师给小朋友们准备了一本关于农村生活的绘本,让我们和嫣儿一起走进村子,感受农村的快乐生活!

重点提问:看看奶奶和嫣儿用这些工具在做什么?(嫣儿用篓子在搬东西/簸箕里面装了很多玉米,篓子和袋子里还装着花生,篮子里也有/嫣儿和妈妈在用灶台煮东西/他们在煮粥)

> 小结:腊八节快到了,奶奶和嫣儿忙着在做腊八粥呢!

2. 尝试讲述制作腊八粥前后所发生的事情

重点提问:制作腊八粥前,都需要做哪些准备?(要准备好很多的食物,比如玉米、板栗、高粱、大米、花生、核桃、红枣/做腊八粥需要很多东西)

师:光有食材就可以了吗?(不行的,还需要洗一洗,选一选,不好的食材不能要/洗好了就可以用柴火和灶台煮腊八粥了)

师:腊八粥煮好后,嫣儿又做了哪些事情?(嫣儿和奶奶一起祭拜神灵/嫣儿把煮好的腊八粥给爷爷送去/嫣儿把腊八粥分了一点给小动物吃)

教师根据幼儿讲述,出示相应的教学 PPT,引导幼儿仔细观察图片、完整讲述图片内容。

3. 完整阅读绘本

师:让我们一起来完整地听一听这个故事,看看是不是和你们看到的一样。

三、深度阅读,感受嫣儿的开心与期待

师:嫣儿喜欢腊八节吗?你从哪里看出来的?(我觉得嫣儿喜欢腊八节,因为嫣儿一直和奶奶一起忙前忙后制作腊八粥/我也觉得嫣儿喜欢腊八节,因为嫣儿能和妈妈还有奶奶一起吃到腊八粥/嫣儿喜欢腊八节,因为她能和村里的爷爷奶奶以及小动物们一起分享腊八粥)

师:你们喜欢腊八节吗?为什么?(我喜欢腊八节,因为我也喜欢喝腊八粥/我喜欢腊八节,因为腊八节是冬天,就可以玩雪了)

> 小结:腊八节是我们国家的传统节日,指农历的腊月初八这一天,有喝腊八粥的习俗,这一天人们也会祭祀祖先和神灵,祈求丰收和吉祥。腊八过后,就是新年。

活动延伸:

学念儿歌。

腊 八 粥

小孩小孩你别馋,过了腊八就是年。

腊八粥,喝几天? 哩哩啦啦二十三。

二十三糖瓜粘。二十四扫房子。

二十五炸豆腐。二十六炖羊肉。

二十七杀只鸡。二十八把面发。

二十九煮馒头。三十晚上熬一宿。

大年初一扭一扭。

活动设计者:沈荣(华东师范大学附属紫竹幼儿园)

活动二:分享快乐(偏社会领域)

活动目标:

1. 进一步理解绘本《腊八粥》的故事。

2. 乐于分享及表达自己的关爱,了解分享和关爱带来的温暖。

活动准备:

物质准备:教学 PPT(绘本第 16 页至第 23 页)。

经验准备:在幼儿园、家中有过与同伴、家人分享的经验。

活动过程:

一、回顾绘本,感受分享与关爱

1. 出示 PPT 绘本图片 P16—P17

师:还记得《腊八粥》的绘本故事吗? 仔细观察图片,看看嫣儿正打算做什么? (嫣儿正提着篮子给村里的老爷爷老奶奶送腊八粥)

师:猜猜为什么嫣儿要把腊八粥分享给村里的爷爷奶奶呢? (因为村里的爷爷奶奶年纪大了,自己做不了腊八粥/嫣儿希望爷爷奶奶们开心、快乐、身体健康)

小结:腊八粥做好了,嫣儿很关心村里的爷爷奶奶,正给村里年纪大的爷爷奶奶分享腊八粥呢,希望村里年纪大的爷爷奶奶都能吃到嫣儿和奶奶做的腊八粥,都能尝到腊八粥甜甜的味道,享受这丰收的成果!

2. 出示 PPT 绘本图片 P18—P19;P20—P21;P22—P23(三页图片在同一 PPT 中呈现)

师:那这三张图片呢? 嫣儿除了把腊八粥分享给村里年龄大的爷爷奶奶之外,还和谁一起分享了腊八粥? (嫣儿还和自己的妈妈及奶奶一起喝腊八粥/嫣儿把腊八粥涂在大

树上,分享给小动物们吃/还留了腊八粥给工作的爸爸和上大学的叔叔)

师:和家人以及小动物们一起吃腊八粥的时候,嫣儿感觉怎么样?(嫣儿感觉很开心)

> 小结:除了和家人、小动物分享香香甜甜的腊八粥之外,嫣儿和奶奶还惦记着爸爸和叔叔呢。分享美味的腊八粥是一件特别开心的事情!

二、说说自己的分享与关爱

1. 自由讨论

过渡:小朋友们分享过东西吗,和旁边的小朋友说一说你分享的故事?(我经常和小朋友们分享我带过来的玩具/有好朋友来我们家玩,我也分享好玩的玩具给他们/秋游的时候我分享自己的零食给小朋友和老师)

2. 分享交流

重点提问:哪位小朋友愿意来和大家说一说关于你身上的分享小故事?(××没有积木的时候,我的比较多,我会分享给他/我生日的时候会和小朋友们分享蛋糕/在图书室××想要看我正在看的书时我会分享,和他一起看/运动的时候我会和××轮流玩跳绳,这个跳绳是我分享给他的)

师:除了看得到的玩具、零食之外,其实小朋友们还经常和自己的好朋友还有老师分享一些看不见的东西,比如××经常来和老师分享自己发现的秘密,××会和老师分享自己在家学到的本领,是这样的吗?(是的,我还经常和好朋友分享开心的事情呢)

师:分享的时候,感觉怎么样?(分享后两个人都能一起看书/跳绳/分享会很开心)

> 小结:分享是一件开心的事情,除了和自己的家人分享,有时候小朋友们之间也经常会出现很多分享的故事;大家分享的东西也各不相同,会分享玩具、分享食物,有的小朋友还愿意分享自己的故事、分享自己的快乐,等等。

三、深入交流,了解分享和关爱带来的温暖

师:分享除了使自己感到快乐之外,被分享的人感觉怎么样?(也很快乐/就会把快乐传给他/因为是很好的朋友就会分享)

师:如果下次还有机会,你会愿意分享吗?(愿意)

> 小结:分享除了是一件开心、快乐的事情,更是一种友善、关爱的行为,这种行为让分享的人和被分享的人都能感受到温暖,就像喝下一碗香香甜甜的腊八粥一样暖暖的。

活动设计者:沈荣(华东师范大学附属紫竹幼儿园)

活动三：认识粗粮（偏科学领域）

活动目标：

1. 仔细观察粗粮，了解各种粗粮的名称。

2. 知道粗粮的基本外形特征和营养价值，合作进行游戏。

活动准备：

物质准备：收集各种粗粮（大米、小米、玉米、高粱、黄豆、绿豆、红豆、红薯、马铃薯、山药等）；不同颜色的气球若干（将不同的谷物放于不同颜色的气球之中）；不透明的小袋子若干（将不同豆类放于不同小袋子中）；适宜大小的不透明的纸盒若干（将块茎类——马铃薯、红薯或山药放于其中，供幼儿触摸猜测）。

经验准备：玩过"你说我猜"的游戏；开展过亲子小调查活动，对个别粗粮有一定的认识和了解。

活动过程：

一、探索发现，观察、了解粗粮

1. 分组游戏，摸一摸，猜一猜

幼儿自主分成三组，以小组形式分别探索各组中的物品（气球、小袋子、纸盒）。

师：三张桌子上分别放了气球、小袋子和纸盒，选择一组去摸一摸气球、小袋子、纸盒中的物品，猜猜可能会是什么？

2. 触摸粗粮，进行猜测

3. 交流分享，揭晓答案

师：猜猜你摸到了什么？为什么？（这个气球里面是大米吧，因为很小，一粒一粒的/这个袋子里面是豆子，圆圆的，小小的/我盒子中摸到的好像是马铃薯，有点大，还有泥土呢，马铃薯就是在地底下的……）

师：我们慢慢把他们打开，一起揭晓答案！

> 小结：小朋友们猜到了很多粗粮，有的粗粮小小的，有的粗粮很大，不同粗粮还有不同的形状呢。像玉米、小米、大米、高粱等我们称之为谷物类粗粮；像黄豆、绿豆、红豆等我们叫它杂豆类粗粮；红薯、山药、马铃薯等是块茎类粗粮。谷物类、杂豆类以及块茎类都属于粗粮。

二、说说猜猜，了解、认识粗粮

1. 自由讨论，说说你对粗粮的了解

师：这些粗粮你们都认识了吗？（认识了）

师：找找你熟悉的粗粮，说说它还有哪些秘密？（山药是棕色的，里面是白色的，它生长在土里，很容易就断掉，它可以煮汤喝/红豆是小小的、圆圆的、硬硬的/小米很小很小，是黄色的，一粒一粒的，也可以煮小米粥喝）

2. 你说我猜，进一步认识粗粮

过渡：看样子小朋友们对粗粮都比较了解，那我们就来玩一个和粗粮相关的"你说我猜"的游戏，还记得这个游戏怎么玩吗？（记得，只有一个人能看，然后给其他小朋友提供线索请他们猜测，但是看的小朋友不能说出它的名称）

规则：一位幼儿描述看到的其中一种粗粮的特征，其他幼儿根据这名幼儿的描述进行猜测。

引导幼儿从形状、颜色、大小、用途、生长的环境等角度进行描述。如：

生：这是一种大大的粗粮，它的形状有点像椭圆形，生长在地里，外面是红棕色的，它能煮着吃，也能烤着吃，能帮助我们消化、提高免疫力。

师：他从大小、形状、生长环境和这个粗粮的用途等方面提供了线索，谁来猜一猜他说的这种粗粮是什么？（是红薯）

3. 多次游戏，巩固经验

三、分享粗粮

相互分享粗粮，鼓励幼儿说说更多关于粗粮的秘密。

师：今天，小朋友们带来了很多粗粮，我们可以把自己带来的粗粮和其他小朋友交换或分享一下，看看小朋友们带来的粗粮还有哪些秘密。

活动延伸：

1. 将活动内容呈现于区角中，鼓励幼儿继续通过"摸一摸、猜一猜"或"你说我猜"的游戏方式继续探索，表达自己对粗粮的认识和了解。

2. 利用粗粮制作各类有趣漂亮的谷物画。

3. 回家和爸爸妈妈或爷爷奶奶共同制作、品尝一份"杂粮饭"。

活动设计者：沈荣（华东师范大学附属紫竹幼儿园）

活动四：粗粮大变身（偏健康领域）

活动目标：

1. 认识常见的粗粮及粗粮制品。

2. 愿意吃粗粮,知道多吃粗粮对身体有好处。

活动准备:

物质准备:粗粮及粗粮制品图片若干,"五谷丰登"粗粮食品一份;活动前洗净双手,避免二次污染。

经验准备:品尝过相关的粗粮制品。

活动过程:

一、品尝粗粮、激发兴趣

1. 调动经验,说说粗粮

师:今天老师给小朋友们准备了一份叫"五谷丰登"的粗粮食品,看一看是什么?"五谷丰登"有哪些粗粮食品?(有南瓜、红薯。还有花生/这个是山药)大家都吃过吗?(我去商场吃过/爸爸妈妈也带我吃过)

　　小结:南瓜、玉米、山药、红薯、花生等都是我们常见的粗粮,小朋友们都认识它们。

2. 选择粗粮,进行品尝

师:来,每位小朋友选择一个,说说你拿到的是什么?(我拿的是花生,我喜欢吃花生/我选的是小红薯,我喜欢吃红薯)

师:来,尝一尝你们手中的粗粮,都是什么味道呀?(玉米有点甜甜的,是甜玉米/山药糯糯的,也有点滑滑的)

二、粗粮大抢答

1. 出示局部,抢答粗粮

游戏玩法:幼儿自主分成 2~3 组,教师依次播放粗粮局部图片,每组幼儿进行抢答,答对的小组获一分(在幼儿猜测后,教师出示完整图片请小朋友们进行验证),累计得分高者获胜。

过渡:吃过了粗粮,那我们来玩一个粗粮大抢答的游戏!

师:等会我们分成 3 组,每组小朋友人数一样,想想可以怎么分组?

师:游戏开始啰,仔细观察!

重点提问:看看它是谁,你是怎么猜到的?(是土豆,土豆就是土黄色的/是山药,山药是有点毛茸茸的,还有点坑坑洼洼的)

　　小结:原来我们能通过颜色、形状来判断它是什么粗粮。

2. 根据经验,抢答粗粮制品

过渡:接下来我们来玩一个更难的游戏,抢答粗粮制品。

游戏玩法:通过 PPT 依次出示粗粮制品,各组幼儿自主抢答,哪一个小组能说出这是什么食品可以得到一分,如果还能说出它是由什么粗粮做成的,可以再得一分。分数累计高的一组获胜。

重点提问:这是什么?它是由什么粗粮做成的?(是窝窝头,我们旅行的时候我吃过/它是由玉米做的,因为玉米也是黄色的)

师:根据颜色来猜测,非常棒哦,我们一起来验证一下!

游戏内容可根据幼儿经验开展。

三、说说生活中更多的粗粮制品

师:你们还知道生活中其他的粗粮制品吗?(我知道豆腐是黄豆做的,还有豆浆也是黄豆做的/玉米汁是玉米做的,需要先把玉米榨成汁)

重点提问:为什么我们要适当多吃粗粮及粗粮制品,吃粗粮对我们身体有什么好处?(吃粗粮可以帮助消化/吃粗粮有助于身体健康/吃粗粮不会变得特别胖)

> 小结:就像小朋友们说的,吃粗粮有助于身体健康。它能帮助肠道蠕动,预防便秘;它能控制血糖,帮助减肥。由于粗粮需要更多的咀嚼,它还能促进牙齿坚固呢!

附:

豆制品

豆皮　　　　豆浆　　　　豆腐干

豆腐脑　　　　油　　　　酱油　　　　绿豆汤

图 3-2-3

玉米制品

玉米窝窝头

玉米烙

玉米汁

爆米花

玉米饼

图 3-2-4

土豆制品

洋芋粑粑

土豆披萨

红薯制品

红薯丸子

红薯片

烤红薯

图 3-2-5

图 3-2-6

活动设计者：沈荣（华东师范大学附属紫竹幼儿园）

活动五：好吃的腊八粥（偏健康领域）

活动目标：

1. 共同制作、品尝好吃的腊八粥。
2. 了解腊八的由来，感受腊八节的热闹与快乐。

活动准备：

物质准备：共同收集食材（大米、小米、玉米、栗子、红枣、红豆、绿豆、莲子、花生、冰糖等）；腊八粥成品，电饭煲；视频（《腊八粥的由来》）。

经验准备：对制作腊八粥的食材有一定的了解；开展过四拍子的节奏游戏（见附件2）。

活动过程：

一、观察、品尝、说说腊八粥

1. 看一看、尝一尝

导入语：看看今天老师给你们带来了什么好吃的？（腊八粥/我最喜欢喝腊八粥了）

帅：你们吃过腊八粥吗？它尝起来味道如何？（吃过/它香香的、甜甜的/尝起来黏黏糊糊的、很好吃）

小结:今天是农历十二月初八,是我国的传统节日——腊八节。在腊八节,人们都会喝腊八粥,腊八粥香香甜甜的,有丰收和吉祥的美好寓意。

二、了解腊八的由来,共同制作腊八粥

1. 通过节奏游戏,加深对食材的认识(见附件1)

过渡:品尝过腊八粥了,那我们用一个节奏小游戏的方式,来说说你刚刚吃到的其中一种食物吧。

"×　× 大米"——"×　× 小麦"——"×　× 红豆"……

2. 教师播放视频,引导幼儿了解腊八粥的由来

过渡:品尝过了腊八粥,也说了腊八粥中的食材,接下来我们一起来了解一下腊八粥是怎么来的!

师:关于喝腊八粥的由来,民间还流传着许多故事,让我们一起来了解一下。

3. 制作腊八粥

师:了解了腊八粥的由来,那小朋友们知道怎么制作腊八粥吗?

(1) 师幼共同讨论腊八粥的步骤。

(2) 分组清洗食材。

(3) 熬制腊八粥。

三、品尝腊八粥,感受腊八节的快乐(等腊八粥熬制成功后开展此环节)

全体幼儿品尝制作的腊八粥,感受共同劳动的成果,感受腊八节的快乐。

师:我们自己制作的腊八粥味道如何?(腊八粥特别香/特别好吃/吃下去就不冷了)

小结:腊八粥的味道甜美,不仅是时令美食,更是养生佳品,尤其适合在寒冷的天气食用,具有保养身体的功效。

附件1: 腊八粥的制作步骤

【原料】大米、小米、玉米、栗子、红枣、红豆、绿豆、莲子、花生(也可进行自主配比)。

【制作方法】

(1) 玉米、红豆、绿豆等提前泡3~4小时。

(2) 洗净材料。

(3) 与其他材料混合。

(4) 将所有材料混合放入锅内,加足量水,烧开小火熬成粥即可。

用紫砂煲或其他煲粥工具,煮三小时后最佳。腊八粥制作简单又营养,也可根据口味放入适量冰糖一起熬煮。

附件2: 四拍子节奏游戏"×　× + 物品"

教师和幼儿以"开火车"的形式开展节奏游戏,定好一个"主题",请每位幼儿在游戏前想

好主题内的一样东西后开展游戏,游戏依次轮流进行,在四拍节奏中,幼儿前两拍可一起拍手,后两拍时说出某样东西。

如开展"交通工具"节奏游戏:"×× 汽车"——"×× 火车"——"×× 飞机"……

如开展"腊八粥食材"节奏游戏:"×× 大米"——"×× 小麦"——"×× 红豆"……

活动设计者:沈荣(华东师范大学附属紫竹幼儿园)

活动六:腊八歌(偏艺术领域——音乐)

活动目标:

1. 尝试创编节奏型,用乐器为歌曲伴奏。

2. 感受合作创编演奏的乐趣,体验歌曲的欢快与愉悦。

活动准备:

物质准备:器乐若干(圆舞板、串铃、三角铁、铃鼓等)、音乐《腊八歌》及与其歌词内容相对应的图片、展示板(用于呈现图片内容)。

经验准备:熟悉《腊八歌》旋律及歌词(见附件);知道乐器的使用方法。

活动过程:

一、进一步熟悉、巩固歌曲《腊八歌》

1. 播放歌曲,熟悉歌曲旋律

师:小朋友们,还记得《腊八歌》吗,我们再一起来听一听!

2. 出示歌曲图片,回忆歌曲内容

师:听一听、想一想,歌曲中唱到了什么?(小孩小孩你别馋,过了腊八就是年/腊八粥,喝几天,哩哩啦啦,二十三/二十三,糖瓜粘;二十四,扫房子……)

幼儿回忆,教师将幼儿回忆的歌曲图片内容呈现于展示板上,师幼共同完成歌曲图谱。

二、尝试创编节奏型、体验歌曲的欢快与愉悦

1. 借助图谱,再次欣赏歌曲

师:我们再来欣赏一遍歌曲,听完后说说歌曲听上去给你什么感觉?(感觉很开心/很欢快,因为腊八节过了就要过年了/歌曲节奏也很欢快)

小结:《腊八歌》节奏欢快,给人一种非常开心、愉悦的感觉。

2. 尝试用身体部位有节奏地表现音乐

重点提问:这么欢快的歌曲,除了唱之外,还有什么办法来表达这种开心、愉悦的感觉?(拍手)

师：好的，那我们先用拍手的方法试试！

播放音乐，教师鼓励幼儿有节奏地拍手，感受拍手演奏的快乐。

3. 鼓励幼儿尝试探索不同的身体部位和节奏型

(1) 引导幼儿使用不同的身体部位进行表现。（拍手、拍腿、轻轻跺脚等）

师：除了拍手，我们身体的其他部位也能演奏吗？（可以拍肩膀/可以拍腿/跺脚也可以/也可以打响指/嘴巴"bababababa"也可以的）

播放音乐2~4次，通过打击身体的不同部位发声进行表现。

(2) 引导幼儿使用不同的节奏型进行表现。

师：《腊八歌》是几拍子的曲子？4拍子除了每次拍一下，还能怎么拍？（《腊八歌》是4拍子的/能2拍2拍地拍）

引导幼儿用不同的节奏型进行表现。(如 | × × × × | × − × − | × − − − | $\underline{× ×}$ $\underline{× × ×}$ | 等)

播放音乐2~4次，尝试用不同的节奏型进行表现。

(3) 教师在图谱旁边记录幼儿身体部位及相应的节奏型。

4. 选择相应的身体部位和节奏型进行分组尝试，依次轮流演奏。

师：来，我们分成4组，每组小朋友可以选择一个身体部位和一种节奏型进行表演。

播放音乐2~4次，每组幼儿自主选择进行尝试。

5. 小组合作，完整演奏歌曲

师：你们小组用身体的什么部位进行表演，是怎么演奏的？（确定身体部位及相应的节奏型）

师：想不想一起合作试试？

播放音乐1~3次，请各组幼儿合作表演。

> 小结：仔细听音乐，思考自己小组的演奏方式（身体部位和节奏型），不被其他组打扰，相互配合，就能把歌曲演奏得特别精彩。

三、合作用乐器为歌曲伴奏，体验乐器演奏的快乐。

1. 请幼儿选择适合各自小组的器乐

2. 小组内进行演奏

3. 各小组尝试合作演奏

4. 鼓励幼儿之间相互交流、解决合作过程中遇到的小问题

5. 活动结束后鼓励幼儿收拾整理器乐

活动延伸：

小组间交换器乐，思考、选择其他节奏型进行演奏。

活动设计者：沈荣（华东师范大学附属紫竹幼儿园）

活动七：粗粮排排队（偏科学领域——数学）

活动目标：

1. 复制并创造粗粮排队的规律，丰富模式排序的经验。

2. 勇于在游戏中挑战自己，体验"粗粮排排队"游戏的乐趣。

活动准备：

物质准备：粗粮骰子若干（幼儿人手一个骰子，由 30 厘米×30 厘米的地垫拼接而成，骰子每面可制成插卡式，正对面可插入同一种粗粮的图片，每个骰子共计插入 3 种粗粮图片，如玉米、红薯、土豆等）。

经验准备：玩过"男孩女孩排排队"的游戏，有初步感知模式的经验。

活动过程：

一、粗粮骰子翻翻乐——认识材料，激发活动兴趣

导入：小朋友们，今天我们一起和骰子朋友玩玩游戏，骰子你们玩过吗？它是怎么玩的？（骰子可以向上抛一抛，看看抛到了什么）

师：嗯，很不错，都玩过骰子，来，拿个骰子抛一抛、掷一掷。

重点提问：小朋友们都掷到了什么？（我掷到了玉米/我的是红薯）除了玉米和红薯，还有什么呢？（还有土豆，我的是土豆）

> 小结：今天的骰子有点与众不同，它是由玉米、红薯、土豆三种粗粮图案组成的，每个骰子面上都有一种粗粮。

二、粗粮骰子排排队——引发经验，将粗粮按模式排列

1. 了解游戏玩法，尝试粗粮排列

过渡：向上抛一抛，粗粮骰子排排好。

玩法：同时掷出 3 个骰子，给粗粮骰子"排排队"，在观察完粗粮骰子排列方式后，自主调整手中的骰子面，并按规律将粗粮骰子队伍变长。

师：仔细看一看，这次掷出了哪几种粗粮？（1 个红薯和 2 个玉米）请你给它们 3 个粗粮骰子排排队。

重点提问：它们是怎么排队的？（1 个玉米，1 个玉米，1 个红薯）如果按照这样的排队方式，想想后面的（第 4/5/6 个）粗粮骰子会是什么呢？（和前面的一样，还是"1 个玉米、1 个玉米、1 个红薯"这样排队）

师：你能按照这个方法继续给粗粮骰子排排队吗？（其他幼儿按上述规律自主排列）

师：小朋友们为什么想到要将粗粮骰子这么排？请说说你们的理由！（因为前面是玉

米、玉米和红薯,后面也是玉米、玉米和红薯,它们是一样的/因为它们3个是一起的,后面的也要和它们一样)

该游戏可依据幼儿情况持续2~3轮。

> 小结
>
> (1)只要仔细观察粗粮骰子的排队方法,2~3个一组间隔排列,我们就能将粗粮骰子的队伍排得长长的。
>
> (2)原来不仅2种粗粮可以按照一定的方式排排队,3种不同的粗粮也能按照一定的规律排排队!(由于骰子抛掷的随机性,可能出现2种粗粮或3种粗粮排列的情况)

2. 探索新模式,丰富排队经验

重点提问:我们已经玩了好几次粗粮骰子排排队的游戏了,这3个粗粮骰子还能怎么排队呢?谁能按照自己的想法来排一排?("土豆、红薯、红薯"这样子排队/"土豆、红薯、土豆"一起排队/"玉米、土豆、红薯"三个一组一起排队)

> 小结:虽然粗粮骰子只有三种,但是仍然能创造出新的排队方式,真是有趣!

重点提问:刚才我们和三种粗粮朋友玩过游戏了,如果再加一种粗粮,想想还能怎么玩呢?(加入红豆,红豆也是粗粮/那就"玉米、玉米、红豆、红薯"四个一组排排队)

> 小结:加入一种新的粗粮,我们排队的方法就更多了,能用四种粗粮玩排队的游戏!

三、粗粮骰子小火车——不断挑战,激发排序经验

过渡:呜呜呜,丰收啦!小火车上装了粗粮。(红薯、红薯、玉米、土豆;红薯、红薯、玉米、土豆;红薯、空、玉米、空;空、红薯、玉米、空)

师:看看我的粗粮火车和你们的有什么不一样?(火车上有玉米、红薯和土豆/有的车厢上面是空的)对,每一节车厢上都有一种粗粮,但是中间有几节车厢是空的。

重点提问:想想中间到底该请什么粗粮上车呢?(这里是红薯,后面是土豆和红薯,最后一个空的地方是土豆)它们是怎么排队的,你为什么要请这几种粗粮上火车?说说你的想法。(因为它们是"红薯、红薯、玉米、土豆"四个一起排队的)

> 小结:不论粗粮火车哪里缺少,只要按照它们的排队方法,两个/三个/四个一组有顺序地给它们排排队,我们就能把粗粮小火车补充完整。

活动延伸:

1. 将活动延伸至个别化学习,替换其他粗粮继续游戏,进一步帮助幼儿巩固关于模式的经验。

2. 寻找生活中更多有规律的事物,说说它们"排队"的方法。

活动设计者:沈荣(华东师范大学附属紫竹幼儿园)

绘本剧：《香香甜甜腊八粥》

人物：小女孩嫣儿、奶奶、妈妈，老鼠 4 只，邻居爷爷、邻居奶奶，小孩若干

时间：腊八节

地点：嫣儿家——红柿大院

【嫣儿家,院子里有棵结满了红红柿子的树,嫣儿在屋里翻日历,奶奶在院子的柿子树下忙着准备腊八粥的食材。

嫣儿：(边翻日历边问)奶奶，什么时候是腊八节啊？

奶奶：就是农历十二月初八，也叫腊月初八。

嫣儿：(兴奋)哇，明天就是十二月初八！要过腊八节啦！要吃腊八粥啰！

奶奶：想喝腊八粥就快点过来帮忙准备熬粥的东西吧。

嫣儿：好嘞。(从屋里跑出,坐在奶奶身边)

奶奶：嫣儿,你每天在翻日历盼着腊八节到来,是不是盼着吃腊八粥啊？

嫣儿：是啊,我太喜欢腊八粥了。奶奶,是不是大家都要吃腊八粥啊？为什么呢？

奶奶：是的,腊八这天大家都会喝腊八粥,腊八粥寓意敬献农神,进行祷祝,以庆丰收。是我们祖辈流传下来的习俗。

嫣儿：(似懂)哦,原来是这样。

【妈妈抱着一大捆柴火上场,准备点上灶火。

妈妈：做腊八粥的东西都准备好了吗？

嫣儿：我们正在准备呢,有大米、高粱、玉米、小米,还有栗子、核桃、红枣,每一样都是好吃的,可以拿去烧了吗？

奶奶：不行,要把所有的东西都一个一个仔细地挑好了,长虫子眼儿的、坏掉的都扔掉,然后啊,还要在水里仔细地洗,洗得干干净净的才行。

妈妈：奶奶说得对,我来看看都挑干净了没有。

嫣儿：为什么要用这些东西做腊八粥呢？

妈妈：因为这些东西都是对人的身体具有补益作用,可以强身健体,延年益寿。

嫣儿：噢,我知道了,我一定要多吃,身体才能棒棒的！

奶奶：(喜爱)我们嫣儿真聪明！那我们去帮助你妈妈搬柴火。

【嫣儿跟着奶奶、妈妈下场。神秘音乐中鼠老大带着三只小老鼠嗅着香味悄悄从树后出来。

鼠老大：(招呼)小的们,主人走了,可以大摇大摆地出来找点吃的了。

　　　　(老鼠们跟着音乐舞蹈)

鼠小 1：(寻找发现)老大,你看这里有红红、绿绿的豆子,要不要搬回去?

鼠老大：(打头)笨死了! 这些有什么好吃的,要找一些香香甜甜的才好吃。

鼠小 2：(寻找发现)老大,这里有香喷喷的核桃、花生,我们偷点回去当夜宵,嘎嘣嘎嘣,美美的……

鼠老大：哈哈哈,还是你懂我啊。(摸鼠小 2 头)

鼠小 3：老大,老大,还有甜甜的红枣,(塞嘴里吃)带回去当下午茶?

鼠老大：好! 聪明!

　　　　【嫣儿与奶奶、妈妈抱着柴火上场。

鼠小 3：不好了,主人来了!

鼠老大：快逃!

　　　　【老鼠们仓皇逃下场。

妈妈：我来生火,开始熬腊八粥。

嫣儿：(开心拍手)熬腊八粥啰! 熬腊八粥啰!

　　　　(欢快的音乐中妈妈正往灶台的肚子里面添柴火呢,柴火烧得火旺旺的,奶奶和嫣儿把洗好的腊八粥食材往大锅里倒)

奶奶：(一边搅拌)熬腊八粥就得用大灶、大锅,这样啊,熬出来的粥才会特别香!

嫣儿：大锅里的腊八粥烧得咕嘟咕嘟咕嘟,咕嘟咕嘟咕嘟,咕嘟咕嘟……直冒泡泡呢! 真香啊!

　　　　(老鼠闻到香味悄悄出来躲在一旁使劲咽口水。一只小狗闻到香味也来围着灶台吐舌头)

妈妈：(打开锅盖)腊八粥熟了,可以吃了。

嫣儿：哇,香香甜甜的腊八粥终于熬熟了,我先来一碗。(递碗)

奶奶：嫣儿,这大冷天的,村里几位年龄大的爷爷、奶奶一定很冷,先给他们送去吧,咱们回来再吃。

嫣儿：没问题,这个任务交给我吧,保证完成任务。

妈妈：(把盛腊八粥的小锅放在篮子里)嫣儿,你先给村东头的张大爷、李奶奶送去,他们的子女都外出打工了,让他们也喝上一碗热乎乎的腊八粥。

奶奶：我们嫣儿真是个有爱心的小姑娘，快去快回吧。

【嫣儿提着篮子下场，背景音乐声中画外音响起："小嫣儿，你来啦！""爷爷，爷爷，我来给你送腊八粥了，是我和奶奶熬的，可香了。""谢谢你，真是个好孩子！""呀，是小嫣儿来啦！""奶奶，奶奶，我来给你送腊八粥了，是我和奶奶熬的，可香了。""嫣儿，谢谢你，好孩子！"

【嫣儿上场回到家。

妈妈、奶奶：(盛粥端上)嫣儿回来啦？快来一起喝腊八粥吧。

嫣儿：(唱赵子宜歌曲《腊八粥》)

腊月初八腊八粥，

香甜软糯来一口，

五谷杂粮加红糖，

养生唇齿有留香，

小朋友，尝一尝，

味道是不是特别棒，

慢慢喝，有点烫，

喝完再把新年逛。

嫣儿：腊八粥太好喝了，我还要喝一碗。

(电话铃响起，妈妈接电话)

妈妈：(打开锅看了看)这是留给爸爸和叔叔的，他们马上就要回来过腊八节了。

嫣儿：(高兴拍手)奶奶，爸爸、叔叔要回来了，腊八粥留给他们喝吧。

奶奶：(盛了小半碗腊八粥)嫣儿，用小扫帚把它涂在院子里的树上。

嫣儿：啊！还要给树吃腊八粥？

奶奶：这是希望树木来年枝繁叶茂，果实累累。

【嫣儿和奶奶用腊八粥涂树。一群孩子端着腊八粥碗上场。

孩子们：腊八节到，喝腊八粥啰！(招呼嫣儿加入一起念诵并律动)

腊八腊八要煮粥，

七宝五味庆丰收。

腊八腊八要分粥，

祈神送友增福寿。

香香甜甜腊八粥，

没给小孩留几口，

小孩睡醒没吃够，

馋得他呀要泪流。

小孩小孩你别哭，

过了腊八就杀猪。

小孩小孩你别馋，

过了腊八就是年。（全体造型）

剧终

图 3-3-1

绘本 9：
《盘中餐》

作　者：于虹呈

出版社：中国少年儿童出版社

相关信息：荣获 2016 年博洛尼亚国际插画展优秀作品奖，第五届丰子恺儿童图画书奖首奖，第十二届文津图书奖，"腾讯·华文好书"等 30 余个奖项。

绘本《盘中餐》讲述了一碗米饭的来历，在作者于虹呈的笔下，粮食重新焕发出土地的香气，打开这本书，农民汗水里的朴实味道扑面而来。作者用细腻的笔触讲述了云南省元阳梯田农业生活，同时以雨水、惊蛰、清明、立夏、小满、大暑、立秋、秋分、寒露和霜降等中国传统节气为记录结点，用日记和图画的形式向小读者介绍了水稻种植的几个阶段。让小朋友们在阅读过程中真正理解"粒粒皆辛苦"的内涵，重拾与大自然、与生活那份紧密的联系。

这是一本非常具有情怀和温度的原创写实类科普绘本。这本书的创作灵感源于 80 后作者于虹呈 2013 年一次与家人的云南之旅，作者一家人坐着马车穿梭在云南的田野之中，看着农民们在田地里辛勤劳作，一片片稻子被收割，看着在稻田里立着的一丛丛捆扎好的稻秆，她突然感受到乡村生活淡然的幸福感，尤其是在人与土地的关系渐渐疏远的今天。那时候，她便想为农民创作一本绘本，在这马车晃晃悠悠之间，她突然想到童年时期对每天食用的米饭的好奇，于是决定画一本关于米饭来历的科普性质的人文绘本，希望转变人们对科普绘本生硬、冰冷的印象，同时展现中国农民质朴、温情的生活，所以她再在书的扉页上写道："谨以此书献给辛勤耕作的人们。"好作品必然是来源于生活，为创作本书，她特地到云南元阳梯田采风两年，住在农户家中，真实记录农民耕种生活。正是有这些采风经历为基础，才能创作出如此真实、优秀的作品，也唯有这样的作品，才能走进人们的心里。

拿到绘本,首先映入眼帘的便是护封,作者用各种颜色的米为我们拼出了一幅"盘中餐",一碗中国的日月山河,田园风光。摘掉护封,它的封面、封底、书脊连到一起便构成了一幅气势恢宏的秋收图。当然一本好绘本它的每个细节都独具巧思,作者在环衬中描绘和介绍了各式的水稻种植工具。再往后看,正扉页左页的献词页是一首脍炙人口的《悯农》:"锄禾日当午,汗滴禾下土。谁知盘中餐,粒粒皆辛苦。"这也是本书的主题,对稻米的敬重,对农民的敬重由此展开。

进入绘本正文,扑面而来的是大自然的芬芳,是田野的清新,是小动物的欢腾,是小朋友们纯净的笑容。故事顺应二十四节气,来讲述水稻从种植到收获的历程,也体现了中国人"天人合一"的思想。绘本从雨水讲起,春雨绵绵、山花烂漫的时节人们开始为耕种准备,接下来,不同的节气勤劳的哈尼族人民秧田、浸种、育苗、插秧、割稻、打谷、晾晒、碾米、庆丰收……一幅幅的画卷与文字完美结合,为我们描绘了农民敬畏自然辛勤劳作的场景,好似为我们展现了一部富有人文气息的水稻种植纪录片。另外值得一提的是,作者还用心整理了水稻种植和生长的知识链接并与前文内容相对应,配上图画解说,方便小读者们获得更多知识方面的拓展。

在版面设计上,绘本采用宽幅横版跨页结构,劳作画面占到整幅的大部分版面,显示出农民劳作的恢弘气势;文字和配图仅占画面的四分之一,诠释内容,画龙点睛。尤其是文字页的小配图或耕种准备,或雏燕鸣春,或母鸡带雏,或老汉撒种,或男童戏逐……这些都暗示主题的进展。另外《盘中餐》不仅重视"写实",强调事物的真实比例以及细节考究,而且也强调了人文性和艺术性,比如画面中变化的云朵呈现狼、羊、狗的形状,暗示《伊索寓言》的故事,富含哲学意味。

同时绘本《盘中餐》富含丰富的教育价值和课程价值。当我们面对当今很多小朋友不珍惜食物、挑食、厌食的情况时,当我们听到孩子们发出"米饭是怎么种出来的"这些疑问时,绘本《盘中餐》便是一本非常契合的普及和感知稻米种植,体会"一粥一饭当思来之不易"的人文科普绘本。尤其是那些从小生活在城市里,吃着白米饭长大的孩子们,如果能跟随这本绘本一起追寻一碗米饭的生命历程,体验源远流长的农耕文化,便是一种可贵的幸运。

二、《盘中餐》主题活动设计

《盘中餐》活动设计意图:

"谁知盘中餐,粒粒皆辛苦",我们总是苦于引导孩子们要节约粮食,但往往收效甚微。不妨和孩子们一起看看绘本《盘中餐》吧,它正用自己的方式告诉孩子们"大米"来之不易!

这本绘本以水彩的画风、写实的记录方式将即将消失的传统耕种一一呈现于孩子们眼前,让其一睹农耕文化的悠久历史。它也是一本科学知识类图画书,以中国特有的二十四节气为线索,将农民种植水稻的过程进行了详细记录,雨水、惊蛰、清明、立夏、小满、大暑、立秋、秋分、寒露和霜降,每个时节勤劳的人们都在为此忙碌:耕稻田——播稻种——插秧苗——割稻谷——打

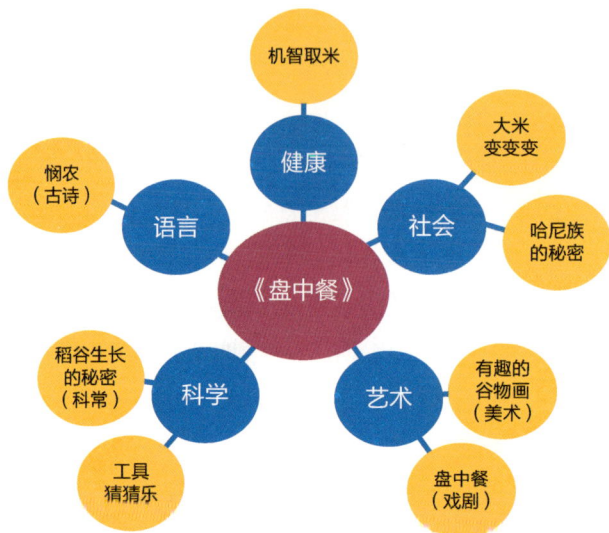

图 3-3-2

稻穗,如此年复一年辛勤耕种。悬挂的农作物、晾干的腊肉,玩耍嬉戏的儿童,无不体现农村生活的天然淳朴,可以"摸爬滚打"的田园生活,让城里的小朋友好生羡慕。

和大班孩子一起打开绘本:留住传统,这就是古老中国的味道。

活动一:稻谷生长的秘密(偏科学领域——科常)。《盘中餐》是一本科学知识类图画书,因此不同于其他绘本以语言活动开展为先,本次活动我们将以绘本为载体,着重引导幼儿发现、了解绘本中稻谷生长的过程。"了解稻谷的生长过程与相应的时节"是本次活动的重点内容。活动将通过看一看、闻一闻、摸一摸谷物的方式,调动幼儿的多种感官,提高幼儿的积极性,并在阅读绘本、探索稻谷生长的过程中,帮助幼儿全方位地了解谷物。

活动二:哈尼族的秘密(偏社会领域)。绘本《盘中餐》不仅描绘了稻谷生长的过程,还融合了少数民族——哈尼族的风土人情。本次活动教师将结合幼儿对哈尼族的自主调查,通过"参观展馆"的形式和幼儿共同了解哈尼族的风俗特色,如语言、服饰、饮食、节日等,激发幼儿想进一步了解的愿望。

活动三:大米变变变(偏社会领域)。了解了谷物的生长之后,我们紧接着来聊聊米制品,我国"大米"制品的食物有很多,年糕、汤圆、粽子、糍粑都是老百姓心中的美味佳肴。在了解了不同的米制品,知道大米用处大的基础上,我们还需将活动延伸至社会和情感的部分:特有的饮食文化和中国人民的勤劳智慧是值得我们去挖掘、学习的重要内核。

活动四:悯农(偏语言领域——古诗)。《悯农》是一首家喻户晓的古诗,简单押韵的诗句能让大班幼儿感受到古代诗歌的魅力,同时帮助幼儿领悟到古诗中希望人们节约、珍惜的良好品德,非常适合给大班幼儿欣赏。活动从猜谜语开始进行导入,并通过听古诗、懂古诗到最后有感情地朗诵古诗,层层递进,让幼儿在不知不觉中感受和理解古诗。

活动五：工具猜猜乐(偏科学领域)。从稻谷播种到最后的成熟,离不开工具的使用,而工具正是人们智慧劳动的结晶,活动中幼儿会通过游戏、比赛的形式,了解中国传统农业工具的外形及其使用特点,并在了解农业生产工具技术演变的基础上,感受从古至今人们的勤劳与智慧。

活动六：有趣的谷物画(偏艺术领域——美术)。谷物有它自己的美,不同颜色、形状和大小的谷物为我们提供了无限畅想的空间。大班幼儿精细动作发展已经较为成熟,但对于谷物画创作的选取与组合、设计与构思还具有一定的挑战。在认识了谷物、欣赏完谷物画环节之后,幼儿能通过自己的想象和创作,感受到自然材料的独特之美,体验创作带来的无限乐趣。

活动七：机智取米(偏健康领域)。大米、老鼠、猫这一组合非常有趣,猫抓老鼠,老鼠又吃米,这样的情境非常契合大班幼儿的兴趣点,本次活动的主要内容也是从中延伸出来的。活动中我们为老鼠提供了一条尾巴供猫来抓,我们又为老鼠提供了大米及相应的安全区域,在一抓一躲的过程中,老鼠需要运用相应的策略灵活地进行躲避。在游戏过程中,幼儿找准时机、机智应对,这样的活动既好玩又有趣,同时还提升了幼儿的反应能力,提高了幼儿身体的灵敏度。

活动一：稻谷生长的秘密(偏科学领域——科常)

活动目标：

1. 了解稻谷的生长过程与相应的时节。

2. 尝试播种,感受农民种植水稻的艰辛与不易。

活动过程：

物质准备：谷袋、图片 1(耕稻田——播稻种——插秧苗——割稻谷——打稻穗)、图片2(春、夏、秋)、黑板(用于呈现图片)。

经验准备：具备快速阅读和种植的经验。

活动过程：

一、活动导入,激发兴趣

教师出示不透明的谷袋(袋子中装有稻谷),请幼儿进行猜测。

师：闻一闻、捏一捏、伸手进来摸一摸,猜猜袋子里装的是什么?(有点香香的气味/外面捏上去软软的/摸上去毛毛的,是一粒一粒的/还有点刺刺的,很扎手)

师：仔细看一看,是什么呢?(是稻谷)

师：是的,城市的孩子认识稻谷是件了不起的事情,再观察下,看看稻谷长得怎么样。

(稻谷的颜色是黄黄的/稻谷小小的,也有点尖尖的)

小结：小小的、一粒一粒的叫作稻谷，它的外面是黄黄的，里面是白白的大米！

二、观看图书，探索过程

1. 自主阅读，观察稻谷的生长过程

师：想知道稻谷是怎么来的吗？我们到书本中去翻一翻、找一找。（阅读绘本 P1—P27）

2. 交流分享，了解稻谷的生长过程

重点提问：稻谷是怎么生长起来的？（农民伯伯种出来的）

师：农民伯伯都做了哪些事情，他们是怎么种出稻谷的？（要让牛耕地/要松松土，这样稻谷才能生长）

师：看样子耕地是非常重要的事情。除了耕地，农民伯伯还做了哪些事呢？（要把稻谷洗一洗，把好的种子选出来种下去/等种子变成苗，还要拔起来再种下去）

师：嗯，你们观察得很仔细，这个过程叫"插秧"，稻谷生长可不能太拥挤。（还要浇水的/等到秋天农民伯伯还要割稻谷，把稻谷取下来/是用机器把稻谷变成大米的）

师：是呢，你发现了丰收的季节，秋天确实是收割稻谷的好时节，刚刚小朋友说到的"把稻谷取下来"的过程，你们知道叫什么吗？（是取稻穗吗/叫打稻穗）

教师鼓励幼儿观察表述，根据幼儿发现在黑板上呈现相应图片，并适时回应和小结。

3. 为图片排序

重点提问：从播种到收割，农民伯伯做了很多事情，仔细观察，看看稻谷的生长过程是怎么样的。谁愿意上来给它排排序？（耕稻田——播稻种——插秧苗——割稻谷——打稻穗）

小结：每一种植物都有自己的生长过程，稻谷的生长需要农民先耕好稻田，再播种，等秧苗长大一些后还要插秧苗，这期间需要不断地浇水除草照顾它，最后才能收割稻谷，打下稻穗！

4. 匹配季节

师：那这些事情，都需要农民伯伯在哪些季节完成？（秋天需要割稻谷、打稻穗）

师：是呀，和小朋友们一样，农民伯伯也最喜欢秋天，割稻谷、打稻穗都在秋天进行，那来猜猜哪些事情发生在春天和夏天呢？（春天要播种/播种前还要耕田，耕田也是春天）

师：为什么农民伯伯要选择在春天播种？（因为春天天气暖和了，种子会在春天发芽）

师：春天万物复苏，是播种的好时节，耕田播种再好不过了！

教师根据幼儿发现表述进行梳理：

(1) 春天——耕稻田、播稻种。

(2) 夏天——插秧苗。

(3) 秋天——割稻谷、打稻穗。

> 小结：稻谷的生长是一个漫长的过程,需要经历三个不同的季节。不同的季节,农民伯伯需要做不同的事情。

三、尝试播种,探索稻种发芽

1. 教师与幼儿共同了解稻种发芽的条件

师：想想稻种发芽需要哪些条件?（要在春天,不能在冬天,冬天很冷/要有水才行/要先耕地,土壤要松松的）

师：看样子你们都是种植小能手,的确,适宜的温度、湿度和良好的土壤条件都是稻种发芽的必要条件。

师：了解了稻种发芽的基本条件,想不想一起去试试播种呢?

2. 尝试将稻种撒在稻田或班级种植区

活动延伸：

1. 观察稻种发芽的过程,并尝试记录。

2. 积极参与社会实践,参观稻田,进一步交流稻谷种植的"照顾"过程,如灌溉、除草、施肥、除虫等,了解稻谷种植的不易。

活动设计者：沈荣（华东师范大学附属紫竹幼儿园）

活动二：哈尼族的秘密（偏社会领域）

活动目标：

1. 了解少数民族哈尼族的风俗特色。

2. 乐于感受少数民族的生活,体验哈尼族不一样的民族风情。

活动准备：

物质准备：哈尼族服装和建筑的图片、iPad（用于播放哈尼族习俗视频）、普洱茶、中国地图等。

经验准备：自主调查哈尼族的风俗特色。

活动过程：

一、说说我了解的哈尼族

导入：小朋友们都调查了一个关于哈尼族的"秘密",谁愿意和大家说说你了解的哈尼族是什么样的?（哈尼族和我们说的话不一样,哈尼族人会说哈尼语）

师：很不错哦，你们调查了解到哈尼族有独特的语言，我们是用普通话交流的，而哈尼族使用的是哈尼语。

师：除了语言之外，对于哈尼族小朋友们还了解了什么呢？（哈尼族的人生活在云南省）

师：是的，哈尼族主要分布于我们国家云南元江和澜沧江之间区域，就是在这个地方。（教师通过地图对比幼儿所在区域和哈尼族所在区域）

师：还调查了其他关于哈尼族的秘密吗？（哈尼族喜欢种茶叶/我发现的也是哈尼族茶叶的秘密）

师：看来好几位小朋友调查到了哈尼族的这个秘密，确实，哈尼族主要从事农业，善于种茶。哈尼族种植茶叶的历史相当久远，是驰名全国的"普洱茶"的重要产区，你们看，这就是普洱茶，我们一起来看一看、闻一闻！

师：哈尼族还有很多很多不一样的生活习俗，小朋友们可以相互交流下各自调查的小秘密。（哈尼族有自己的民族服装/哈尼族还有自己的习俗，他们会一起吃饭/哈尼族的人非常有礼貌，很好客/哈尼族的房子也和我们住的房子不一样）

> 小结：是啊，哈尼族是我们国家 56 个民族之一，有很多的习俗和我们不一样，语言、服装等都与众不同。

二、基于兴趣，深入了解"哈尼族"

过渡：很多小朋友调查了哈尼族的秘密，刚才有小朋友还提到了哈尼族特殊的房子、服饰和习俗，老师给你们准备了哈尼族的三个"展馆"，小朋友们可以和自己的好朋友一起，到教室的不同地方，进一步了解、感受关于哈尼族的风俗特色。

➤ 服饰馆（通过真实实物呈现）

重点提问：哈尼族的服装是怎么样的？（很漂亮，像跳舞时穿的服装/哈尼族的服装颜色很鲜艳/衣服上还有花纹）

> 小结：你们观察得很仔细，哈尼族喜欢用藏青色土布做衣服，他们会把土布漂染成色彩鲜艳的服饰。哈尼族的服装上会绣几何图形或彩色花边，也会在大襟上镶上银币作为装饰。

师：除了身上穿的，猜猜这是什么？（这可能是哈尼族人的帽子）

师：你很会思考，有点接近了，除了鲜艳的衣服，哈尼族人还喜欢在头上包裹头巾，我们称它为"包头"。

师：猜猜这是什么？（是哈尼族人穿的鞋子）

师：是的，这是哈尼族人穿的鞋子，一般男生会穿布鞋或木板鞋，女生会穿绣花鞋，非常有特色。

➢ 建筑馆（通过图片呈现）

重点提问：哈尼族的建筑是怎么样的呢？和我们的建筑有什么不一样？（我们的房子是很高的，哈尼族的房子不高/哈尼族的房子是建在山上的/我们的房子比较牢固）

师：你们发现了很多建筑的秘密，有小朋友说城市的房子比较牢固，那猜猜哈尼族的房子是用什么材料建造的？（可能是木头的/木头和泥土一起/你们看应该是有草和泥土一起）

小结：确实如小朋友们观察到的一样，哈尼族的建筑一般都建在半山腰，我们也叫它"半山居"。哈尼族的房子大部分都是用粗木、细木、稻草和泥土建成的，这样的建筑被称为"土掌房"，有坚实的土墙、厚重的草顶，不仅能遮风挡雨，还冬暖夏凉，通风干燥。

师：看看哈尼族的房子一般有几层楼，猜猜人们都会居住在第几层？（是三层楼的/住第一层吧，我们家就住第一层/住在第二层或第三层）

师：哈尼族的房子一般为三层楼房。因为山区比较潮湿，因此房屋第一层不宜给人居住，多用于关养牲畜；第二层比较适合住人；第三层往往会堆放粮食及贮藏食物，使其不易受潮，宜于保存。（这里还有一间小小的房子）

师：有小朋友对这边"小小的房子"感兴趣，看看这边的建筑，有什么特点吗？（它是平平的房顶/它是在大房子旁边的，它们连在一起/我爸爸说这个叫作耳房，像耳朵一样）

小结：是呀，哈尼族人家都建有耳房，耳房建筑为平顶，平平的屋顶可以作为晒台，晒谷、晾衣，人们乘凉，小朋友们游戏等往往都在晒台上进行。晒台是哈尼族人日常生活和闲暇活动的重要场所。

➢ 习俗馆（通过 iPad 视频呈现）

重点提问：看了视频，你们了解了哪些哈尼族的习俗？（哈尼族人会跳舞，还会吹乐器/他们会跳竹竿舞、会玩秋千/还会玩打陀螺、爬杆的游戏）

小结：哈尼族人都会吹他们特有的乐器——巴乌，他们不仅能歌善舞，还喜欢玩很多的传统体育项目，除了刚才小朋友们说到的，射弩、抢拔竹签、跳高、拔河等也是哈尼族人特别喜欢的活动。

师：哈尼族人和我们过的节日一样吗，他们都过哪些节日？（哈尼族有一个节日会玩很多刚才说到的游戏）

师：是的，这个节日在哈尼族叫作"耶苦扎"，它是云南西双版纳一带哈尼族人的传统节日，节日会持续 3～5 天，过节期间，人们都停止上山劳动，在家里吃喝玩乐，或外出走亲访友。节日期间，还会举行赛马、跳竹筒舞等活动。

师：还有别的发现吗？（哈尼族也会过新年）

师：谁调查了哈尼族人的"新年"，和我们分享一下？（哈尼族的新年和我们的新年有点相似，他们会在新年的时候互相拜访/我调查的新年叫"扎勒特"，是很大的节日，妈妈说他们的新年在农历十月进行，所以也叫"十月年"/新年当天，大家还要一起杀猪吃呢）

师：你们介绍得真详细，帮助更多小朋友认识了哈尼族的新年，谢谢你们的介绍。

师：哈尼族的人有一个节日和老人有关，有小朋友发现是什么节日吗？（是哈尼族的老人节/老人节大家会跳舞、喝酒，为老人庆祝节日）

师：是的，哈尼族每年农历腊月十五会过老人节，在老人节这一天，哈尼族青年男女身着传统服饰，用独特的舞蹈和丰盛的酒宴为村寨中的老人庆祝节日。

> 小结：哈尼族的传统节日很多，有的节日和我们过的节日比较相似，而有的节日是哈尼族特有的节日，非常有意思。

三、谈谈对哈尼族的感受

师：今天我们了解了哈尼族的很多习俗，你们喜欢哈尼族的生活吗？（我喜欢哈尼族的生活，他们的衣服很漂亮/我也喜欢，因为哈尼族的人会很有礼貌/我喜欢哈尼族的理由是他们会一起过新年，很开心）

> 小结：哈尼族的人热情好客，只要有客人来，都会拿酒招待，在吃饭的时候也酒歌不断，所以大家都非常喜欢哈尼族人，并且如同小朋友们说的，很多哈尼族的特色风俗也让我们更加喜欢哈尼族。

活动延伸：

1. 通过绘本阅读等途径，进一步了解哈尼族风俗特点。
2. 尝试运用调查的方式，了解其他少数民族，并进行分享。

活动设计者：沈荣（华东师范大学附属紫竹幼儿园）

活动三：大米变变变（偏社会领域）

活动目标：

1. 了解不同的米制品，知道大米用处广。
2. 感受不同的饮食文化以及中国人的勤劳和智慧。

活动准备：

物质准备：教学 PPT（各种米制品图片）、汤圆若干、米制品的头饰若干、视频（舌尖上的中国：主食的故事）。

经验准备：对常见的米制品(如年糕、汤圆等)有较丰富的经验,知道米制品由大米制作而成;玩过"蔬菜蹲"的游戏。

活动过程：

一、活动导入,品尝小汤圆

师：老师给你们带来了一样好吃的食物,知道它是什么吗？（汤圆,我吃过的/是甜的汤圆吗）

师：来,尝一尝,说说它味道如何,知道它是什么做的吗？（尝起来甜甜的/黏黏的/是面团做的/是大米做的吧）

  小结：米能制作很多不一样的食物,小小、圆圆的汤圆就是其中一种。

二、了解不同米制品、感受饮食文化的多元

1. 比赛：了解不同的米制品

过渡：大米能变出很多不一样的食物,想不想来玩一次"大米变变变"的游戏？

师：我们分成两组,比比哪一组小朋友知道的米制品更多。

教师可引导幼儿使用儿歌的形式开展游戏,如"大米变,大米变,大米变成了年糕",两组幼儿轮流表述并计分。

师：两组小朋友自己协商,哪组先来呢？（大米变,大米变,大米变成了粽子/汤圆/糍粑）

  小结：原来不起眼的大米有这么多用处,摇身一变,就能变出各种美味的食物！像年糕、汤圆、肠粉、糍粑、冻糕、粽子、麻团、米线等都是米制品。

2. 游戏："米制品蹲",巩固对不同米制品的认识

师：好,刚刚我们玩了"大米变变变"的游戏,这次我们来玩一个"米制品蹲"的游戏,"青菜蹲"的游戏我们都玩过,还记得怎么玩吗？（说到什么蔬菜,那个蔬菜就蹲下/然后要念儿歌,其他蔬菜要仔细听）

游戏规则：一边蹲,一边念儿歌,同时说出下一位需要蹲的"米制品"的名字,如果下一位幼儿未及时接上儿歌,则暂时休息一轮,下轮游戏继续参加。（幼儿游戏过程可围圈站立,如年糕蹲、年糕蹲、年糕蹲完汤圆蹲……）

三、播放图片及视频,感受我国多元的饮食文化

1. 播放 PPT 图片、视频,介绍中国各地区的米制品美食（教师也可借助中国地图,在地图上呈现不同区域的米制品图片）

2. 感受中国人的勤劳和智慧

重点提问：看看这里的人们会把大米变成什么美食？（广东的人把大米变成了肠粉,肠粉吃起来软软的、香香的/河南的人把大米变成了年糕/贵州有米粉,滑滑的、细细的）

小结：中国人用自己的勤劳和智慧把大米制作成了各种各样的美食，不同区域的米制品都不太一样，有的软糯，有的香脆，等我们有机会，可以去尝尝各地的美食。

活动设计者：沈荣（华东师范大学附属紫竹幼儿园）

活动四：悯农（偏语言领域——古诗）

活动目标：

1. 理解古诗内容，了解古诗大意。

2. 朗诵古诗，明白粮食的来之不易。

活动准备：

物质准备：教学PPT（谜语图片内容：米饭、面条、馒头、大饼等。古诗图片内容：太阳、泥土、盘子。诗句图片内容：李绅画像、烈日下农民除草松土的图片、农民大汗淋漓的图片、一碗米饭的图片、稻谷的图片）、背景音乐（轻音乐）、视频（古诗相关视频或把各诗句图片内容做成简单的flash动画视频）。

经验准备：具备初步学习、朗诵古诗的经验。

活动过程：

一、谜语互动，导入活动

1. 看图片，认识主食

教师提供四张食物的图片，其一为"米饭"的图片。

师：图片上的四种食物你们都认识吗？（第一张是"米饭"/这边一张是"面条"/"面条"旁边的是"馒头"/最后一张是"大饼"）

2. 猜谜语，引出主题

谜语：脱去黄袍子，露出白身子，个子比豆小，吃了管你饱。

师：我带来了一个谜语，猜猜看，谜语中说到了哪一种食物，为什么？（是米饭，因为谜语中说它比豆子还要小/我也觉得是米饭，因为大米一开始是稻谷，身体黄黄的，稻谷里面才是白白的大米）

小结：白白的身体，很小的个子，还能够填饱我们的肚子，它就是米饭。

二、欣赏古诗、理解古诗内容

（一）初次感受古诗，了解古诗内容

1. 教师放大"米饭"一图

师：我们每天都会吃米饭，那你们知道餐碗中的米饭是从哪里来的吗？（农民伯伯种出来的/农民伯伯需要播种、插秧、割稻谷，才会有大米）

师：老师给你们带来了一首古诗，仔细听一听，也许古诗中会告诉你答案。

2. 教师朗诵古诗《悯农》

师：听一听我带来的古诗跟我们每天吃的米饭有什么关系？

悯农

唐·李绅

锄禾日当午，

汗滴禾下土。

谁知盘中餐，

粒粒皆辛苦。

重点提问：在我刚刚念的古诗里，你们听到了什么？（听到了有"土"，有泥土才能种/听到了盘子，米饭要放到餐盘中吃/农民伯伯流汗了，很辛苦/古诗里有太阳，"日"就是太阳）

教师根据幼儿回应出示古诗中太阳、泥土、盘子等图片。

小结：你们听得很仔细！太阳、泥土、盘子都出现在了古诗中。

（二）进一步欣赏古诗，理解古诗内容

过渡：那么有了太阳，有了土地，大米就能种出来了吗？（不能，还要农民伯伯除草、施肥才行）

1. 播放 PPT，走进古诗

师：那让我们一起回到唐代，走进李绅的古诗中，相信你就会发现更多的秘密。

教师播放 PPT 图片，并有感情地讲述故事。

师：李绅是唐代的一位诗人（出示李绅画像），有一次他看见烈日当空，农民顶着火辣辣的太阳，仍然在田里劳作。在烈日炎炎的农田中，农民用锄头松禾苗周围的土，太阳当头，是一天最热的时候。（出示烈日下农民除草松土的图片）农民累得满头大汗，汗水一滴一滴落到种着禾苗的泥土里（出示农民大汗淋漓的图片）。于是李绅就问道：有谁知道碗里的饭是哪里来的呢？（出示米饭的图片）原来来到农田才知道，我们碗里的白米饭，一粒一粒都是农民辛苦劳动得来的呀！（出示稻谷的图片。）

2. 观察图片，发现秘密

重点提问 1：古诗中的农民伯伯在什么时候耕种，这是什么季节的太阳，夏天的太阳让我们感觉怎么样？（夏天的太阳是非常晒的，夏天最好不要出去/会晒黑，很快就会流汗，非常不舒服）

重点提问2：农民伯伯怎么了？（农民伯伯累得满头大汗/农民伯伯很辛苦）

重点提问3：为什么农民伯伯这么辛苦还要去种田？（因为农民伯伯需要种粮食/不然就没有粮食了）

重点提问4：想想为什么诗人要把古诗取名为《悯农》呢，"悯农"是什么意思？（就是要知道农民伯伯很辛苦/就是要关心农民伯伯，不要浪费粮食）

> 小结：原来这么小小的一粒粒的不起眼的稻谷，是农民伯伯流着汗辛辛苦苦种出来的。知道农民伯伯种粮食很辛苦，所以诗人在《悯农》中说到"粒粒皆辛苦"！

3. 师幼互动，解决疑惑

教师在PPT中出示诗句内容组图。（4句诗句的内容共同呈现于一张PPT中）

师：小朋友们听了诗人李绅的故事，对这首诗了解了吗，还有哪一句不明白？（第一幅图是什么意思？）

师：第一幅图——锄禾日当午。有其他小朋友知道吗？谁愿意来说一说。（"锄"就是锄头，是一种耕种的工具，就是说农民伯伯在太阳下松土除草的意思/对的，就是说太阳很猛烈，但农民伯伯还是在除草）

师：嗯，小朋友们解释得很清楚，大家都明白这句话的意思了吗？我们一起来念一念这句诗。（锄禾日当午）

师：还有其他疑问吗？

教师通过鼓励，引导幼儿之间进行互动，在互动中进一步理解古诗的含义，并尝试朗诵古诗。

（三）朗诵古诗，体会粮食的来之不易

师幼共同朗诵古诗，鼓励幼儿有感情地朗诵。

师：我们一起变成小诗人，来念一念这首古诗吧！

师：小朋友们把古诗的题目和朝代、诗人都一起朗诵进去了，念得真完整。想一想，带着什么样的感情去朗诵才能把它念得更好听？（珍惜粮食的感情/知道农民伯伯很辛苦的感情/要慢慢地念）

师幼共同有感情地朗诵古诗。

三、欣赏、观看视频，进一步感受粮食的来之不易

师：小朋友们看完了视频，知道米饭是怎么来了的吗？（春天、夏天、秋天，到了秋天才能收获）

重点提问：你会通过哪些办法来爱惜粮食？（不浪费粮食，要把碗里的米饭吃光/需要多少米饭就装多少米饭/吃饭的时候最好是不要把米饭掉在地上，不然就浪费了）

> 小结：农民在炎炎中午，滴着汗照顾禾苗，期待禾苗能长成稻穗，我们吃的米饭就

是这么来的。老师相信小朋友们都能用自己的办法和行动爱惜粮食。

活动设计者：沈荣(华东师范大学附属紫竹幼儿园)

活动五：工具猜猜乐(偏科学领域)

活动目标：

1. 初步了解传统及现代农业生产工具的外形及其使用特点。

2. 通过农业生产工具的演变,感受从古至今人们的勤劳与智慧。

活动准备：

物质准备：教学 PPT(传统农业生产工具图片、现代农业生产工具图片),传统农业生产工具卡片若干,按铃,计时器或沙漏。

经验准备：阅读过绘本《盘中餐》,对绘本中的传统农业生产工具感兴趣。

活动过程：

一、说说我认识的工具

导入：小朋友们对绘本《盘中餐》中的工具都很感兴趣,也有很多小朋友回家做过一些工具小调查,那今天我们就一起来玩几个和工具有关的游戏。

游戏玩法：

1. 自主分组(3~4 组)

2. 在呈现一张 PPT 工具图片后,自主按铃抢答(素材图片：铁耙、锄头、木犁、水瓢、漏瓢、木耙、三角耙、斧头、筛子、砍柴刀、镰刀、木桶、谷耙、背架等)

3. 答对工具的名称该队即得一分,分数累计多者获胜

师：了解游戏玩法了吗,小朋友们还有没有其他疑问? 如果没有疑问,我们的游戏就开始啰!

二、进一步熟悉传统农业生产工具

过渡：第一轮认识工具的游戏难不倒你们,不同组得到的分数也差不多,这次我们要进行一个更有难度的游戏!

师：仔细听听这次的和刚才的游戏有什么不一样。

游戏玩法：

1. 各组派 1~2 名代表轮流抽取传统农业生产工具图片

2. 抽取图片者在保护好图片不被他人看到的基础上,在规定时间内向自己组成员描述图片中农业工具的相关信息(如工具的外形、作用等)

3. 组内成员猜错或猜不出来,则轮到其他组补充猜测,每次猜对的小组可获得相应的图片,工具图片多者为胜

师:听清楚游戏玩法了吗? 小朋友们还有疑问吗?(听清楚了)

师:好的,游戏开始,哪组先来?你们组谁来描述谁来猜?(×××来抽图片,我们组其他人来猜)

如:三角耙。(它是用木头做成的,前面是大大的三角形状,它能把泥土表面抚平)

(相关内容可参考附件 1)

师:游戏结束了,我们一起数数自己组内的图片。

师:小朋友们都很不错,对传统农业生产工具有了更多的了解。

三、了解现代农业生产工具

师:看了绘本《盘中餐》,也玩了很多的游戏,我们对传统的农业生产工具有了更深的认识。小朋友们,那你们了解现代农业的一些工具和技术吗,谁愿意和我们分享一下?(现在有播种机,不需要农民伯伯播种,是用机器的/现在有无人机可以飞过去看水稻长得好不好/水稻成熟了,有自动收割机)

师:小朋友们对现代的农业也有很多的认识,我们一起再来了解一下!

(相关内容可参考附件 2)

> 小结:小朋友们不仅了解了传统农业生产工具的外形特点和作用,还对现代农业生产工具产生了浓厚的兴趣,从古至今,人们都用自己的勤劳与智慧,创造出了更美好的生活。

附件 1:

铁耙——由木把和带铁齿的耙头组成,用于碎土、平地。宽的便于快速处理大面积的田地,窄的便于更深更省力地碎土。

锄头——由木把和铁质刀身组成,用于除草、疏松土壤、挖沟等。

木犁——整理秧田和水田时用来翻土的工具。V 形铁铧的尖头深入坚硬板结的土壤中,在牛力拉动的作用下,把深层的土壤翻出。

水瓢——舀水工具。在稻种吸胀发芽时,每天用它向装稻种的竹筐内浇一次温水。

漏瓢——用于稻种淘洗后滤水。

木耙——耕地时用的碎泥工具。在木犁翻土后使用。木耙的木齿可进一步破碎硬土块,使泥土和水混合形成泥浆。

斧头——用于制作木制农具时,砍伐合适的木料。

筛了——用于筛去夹杂在稻谷中的秕谷和杂草。

镰刀——用于收割成熟的庄稼,也可用来割草。

谷耙——晾晒时用来摊开、翻动稻谷。

背架——用来将从苗床里拔出来的秧苗绑起来,搬运到水田边或在将脱谷、晒干后的稻草带回家时使用。

三角耙——整理秧田和水田时用来把泥土表面抚平的工具。

砍柴刀——用于砍、削木柴等。

打谷木桶——稻谷脱粒时使用的农具。借助水的浮力,木桶在水田中可以轻松拖动。收割时双手握紧稻子的茎秆,用力地向桶壁摔打,谷粒受到撞击便会脱落到桶内。

附件 2:

- 自动导航驾驶的拖拉机:犁地、平地、播种、施肥、覆膜全部一体化。

- 遥控机器人:开沟施肥的关键期,农户只要动动手里的遥控器,机器人就能把农活儿干了。

- 全自动喷灌机:机器自动行走在大田里,通过伸展的"臂膀",向农作物均匀地喷水。

- 无线传感器和高清摄像头:现代果蔬大棚里,安装上无线传感器和高清摄像头,我们就可以通过手机,实时监控果蔬的温度、湿度、光照等指标,进行远程管理。

- 自走式喷杆喷雾器:适合大面积喷洒各种农药、肥料和植物生产调节剂等的液态制剂。

活动设计者:沈荣(华东师范大学附属紫竹幼儿园)

活动六:有趣的谷物画(偏艺术领域——美术)

活动目标:

1. 利用谷物进行粘贴画创作,体会谷物画的别样形式。

2. 感受自然材料的独特之美,体验大胆想象、创造的乐趣。

活动准备:

物质准备:教学 PPT(谷物拼贴画),谷物若干(大米、小麦、黄豆、玉米等),不透明的瓶子若干(用于盛装谷物),铅画纸(人手一张)、胶水、棉签棒等。

经验准备:认识常见的谷物;有创作拼贴的经验。

活动过程:

一、导入活动,激发兴趣

1. 听一听,猜一猜

师:今天老师带来了好几个瓶子,每个瓶子中分别装了不同的谷物(教师提前将适量的大米、小麦、黄豆、玉米等谷物装在不同瓶子中),摇一摇,听一听,猜猜瓶子中装了什么?
(声音是沙沙沙的,是大米吗/听上去有点响,是大大的豆子吧/可能是红豆)

2. 看一看,想一想

师:打开瓶子看一看,认识它们吗?(我看到的是大米/我瓶子中看到的是黄豆/这个是玉米/小麦我认识,我在书里看到过)

师:这些谷物可以用来做什么?(谷物是种子,可以发芽长大/大米是我们的主食,每天都要吃的/大米可以熬粥吃/玉米也可以用来煮汤/我姥姥给我做过黄豆炖猪脚)

　　小结:谷物能发芽生长,还能煮饭煲汤,为我们提供能量。

二、谷物拼贴,大胆创作

过渡:当然,很多时候谷物还有其他的作用,今天我带来了一些画,请你们仔细观察一下。

1. 观察欣赏,大胆表达

重点提问:这些画和我们平时见到的画有什么不同?它是用什么材料创作的?(这些画是用谷物拼在一起做成的/用了很多豆子,这只小动物不同的地方用了不一样的豆子拼的)

师:大班的小朋友非常善于观察,大家除了发现作画的材料是豆子外,还发现了小动物的不同部位用了不同颜色的豆子进行装饰,猜猜这位小作者为什么要用不同的谷物进行创作?(如果每个地方都用一样的豆子,那么拼出来的图画就没有这么好看了/不然就看不清楚这是耳朵,这是眼睛了)

　　小结:谷物画和我们平时见到的画有很大的区别,它是用各种各样颜色和形状的谷物设计、拼贴而成,不同部分用不同的谷物拼贴,可以使整个画面看上去更加清楚、更加丰富。

2. 猜想交流,解析过程

师:猜猜这些漂亮的谷物画是如何创作完成的?(先想好要画什么,比如是房子或者动物,然后选择自己喜欢的谷物贴上去/画好后要用胶水,不然谷物就会掉下来/不同的地方要用不同的谷物,这样创作的谷物画才会很漂亮)

教师和幼儿交流互动谷物画创作的步骤。

(1) 在铅画纸上设计好画面。

(2) 用棉签沾上胶水涂在画面中。

(3) 取各种谷物依次粘贴在相应图案上。

3. 大胆构思,尝试操作

教师关注：

(1) 引导幼儿设计美观大方的图案，便于粘贴谷物。

(2) 引导幼儿按需拿取谷物。

(3) 关注幼儿操作后材料的收拾与整理情况。

三、相互欣赏，交流分享

幼儿介绍各自的谷物画，引导幼儿互相分享和欣赏。

重点提问 1：谁愿意来介绍自己的谷物画，你的谷物画有什么特点？

重点提问 2：你们觉得他的创作怎么样？好在哪里？有没有什么小建议？（他拼的"小鸡"很好看，"小鸡"的身体是黄的，他用了玉米，所以很好/我觉得"小鸡"的地上也可以加点米粒呀）

重点提问 3：创作时遇到什么麻烦了吗？你们有没有好的建议？（我的画太小了，谷物贴不上去/要画大才行，不然谷物拼贴上去就会不方便，也不好看/如果遇到困难也可以和好朋友一起创作，我就是和××一起拼贴的）

> 小结：小朋友们都很会思考，画面简单大方对谷物画设计来说很关键，我们还可以选择更加适合的谷物来进行创作，考虑一些颜色、情境等。当然，还能和自己的好朋友一起设计，解决彼此之间的困难，使画面变得美观！

活动延伸：

1. 尝试用谷物拼贴不同内容的作品。

2. 使用多元材料对作品进行丰富和创作。

> 注：本次活动所用的谷物颗粒较小，教师需关注幼儿创作环节中的安全。

活动设计者：沈荣（华东师范大学附属紫竹幼儿园）

活动七：机智取米（偏健康领域）

活动目标：

1. 根据音乐信号快速反应，灵活躲闪，提高身体灵敏度。

2. 找准时机、机智应对，在追逐中体验运动游戏的快乐。

活动准备：

物质准备：红绿颜色的布条若干（幼儿随机人手一根，作为小老鼠的尾巴），花猫头饰若干（用于扮演小花猫），一段活泼的音乐 1（小老鼠四散活动时使用），一段紧张的音乐 2

(小花猫出现时使用),一段舒缓的音乐3(放松活动时使用),自制大米道具若干(可以用废旧白纸揉成大米形状进行制作),呼啦圈若干(作为小老鼠的"家")。

经验准备:有四散跑的经验;对音乐较为熟悉。

活动过程:

一、情境导入,激发兴趣

播放音乐1,幼儿扮演小老鼠活动身体。

导入:今天我们是有长长尾巴的小老鼠,听着音乐,一起出去活动吧。

1. 幼儿模仿小老鼠跟随音乐节奏小步跑、踮脚跑等

师:小老鼠是怎么活动的,谁来模仿一下? 我们跟着这几只小老鼠试一试!

2. 音乐停止,小老鼠静止不动,避免被小花猫发现

师:刚才是什么声音?(猫叫声)嘘! 不要说话不要动,当心被小花猫发现!

3. 跟随音乐循环游戏2~4次

二、猫鼠之战

1. 熟悉规则,尝试游戏(游戏可进行1~2次)

过渡:现在我戴上了一个头饰,看看我变成谁了?(大花猫)

师:花猫会在音乐中出现(播放音乐2),场地外围的呼啦圈是你们的家,当花猫出现时,小老鼠会怎么办?(要赶紧跑到自己的家里/是的,不能被花猫抓住了)

师:游戏马上开始咯,当心你们的小尾巴!

游戏规则:

(1) 播放音乐1,小老鼠们跟随音乐四散活动。

(2) 切换音乐2,花猫出现,开始抓捕老鼠。(抓到老鼠尾巴——长布条,即为抓捕成功)

(3) 呼啦圈放于场地外围,老鼠跑至家中(呼啦圈内)花猫则不能抓捕。

师幼共同开展游戏。

2. 交流分享,积累经验

重点提问:花猫什么时候出现? 你是怎么安全跑到家中的?(另一段音乐出现时,花猫就来了,听到音乐就要跑快一点/我找最近的呼啦圈跑回家,这样很快就安全了/小老鼠比较多,不能撞到一起,不然摔倒了就会被花猫抓住)

> 小结:你们想到了很多躲避花猫的好办法! 仔细听音乐变化,花猫音乐出现时,快速反应,灵活地跑到自己家中,避免碰撞。

3. 调整音乐1播放时长,多次游戏

师:这次更多小老鼠成功了,你们还有其他方法想要分享吗?(要仔细听清楚音乐的变化,花猫来了就要快跑)

师：那如果花猫来了，小老鼠来不及找到自己的家，该如何避免自己被抓住呢？（找不到自己的家，可以先跑到好朋友的家里躲一躲/如果找不到自己的家，也要保护好自己的尾巴，尾巴没了就被抓到了）

> 小结：仔细听清楚音乐对小老鼠来说非常重要，如果真的来不及回家，也可以试着采用刚才小朋友们分享的好办法，去好朋友的家里躲一躲，或者灵活躲闪，保护好自己的小尾巴。

教师关注不同时长音乐情况下幼儿听辨、反应的情况。

4. 分工合作、找准时机、机智取食

(1) 提高难度，勇敢取食。

以"大米"为食，小老鼠跟随音乐1取食，避免音乐2出现时被花猫抓捕。

师：场地中间有老鼠最爱的大米，比比哪只小老鼠取的大米多！

重点提问：你取了很多大米回家，用了哪些好办法？（花猫没来前要多取一点大米，每次要拿得多一点/速度要快一点才取得多/花猫来了要赶紧跑）

> 小结：速度快，拿得多，耳朵还要听音乐！

(2) 分组比赛，机智取食。

师：小老鼠们来个比赛吧！根据尾巴的颜色分成两组，左边是红尾巴老鼠的家，右边是绿尾巴老鼠的家，中间有很多"大米"，敢不敢去中间取粮食？（敢/我们肯定赢）

师：比一比红尾巴老鼠粮食取的多，还是绿尾巴老鼠粮食取的多！

持续播放音乐2开展游戏。

重点提问：看看哪队的粮食多？花猫一直都在，你们是怎么取到这么多大米的？（要勇敢一点/可以有两只老鼠去引诱花猫，其他老鼠就可以取粮食了呀）

> 小结：有的老鼠引诱花猫，有的老鼠趁机取粮，分工合作，找准时机，勇敢取食，真是机智的小老鼠！

三、放松活动

跟随音乐，放松整理。

师：小老鼠吃得饱饱的，我们一起跟着音乐走一走，放松一下！

师：今天游戏中，小老鼠们感觉怎么样，如果下次再玩"猫抓老鼠"的游戏，你们会想哪些新办法？

（下次我一听到音乐就要跑快一点/我除了听音乐，还要在拿粮食的时候看着花猫，这样就能躲避花猫/下次我们也要分工合作，这样能取到更多的粮食）

活动设计者：沈荣（华东师范大学附属紫竹幼儿园）

绘本剧:《盘中餐》

人物:幼儿 A、幼儿若干、老师、农民 1、农民 2、农民若干

时间:中午

地点:幼儿园

【幼儿园中午时分,随着老师一声"小朋友们,吃饭了!",若干幼儿应答"来了!",幼儿手拿餐盘上场跳吃饭舞蹈。

众幼儿:(念白)铃儿叮当响,我们多欢畅,公鸡兜兜身上穿,吃饭喷喷香。(做吃饭的韵律动作,其中幼儿 A 在吃饭时把饭粒撒在地上)

众幼儿:浪费粮食不乖,浪费粮食不可爱。

幼儿 A:浪费一点粮食有什么关系,粮食多得很!

老师:小朋友们,你知道这些粮食是怎么来的吗?

幼儿 A:田里长出来的呗。

老师:(招呼)来来来,听老师给你说说粮食的故事。

【幼儿 A 在老师身边,其余幼儿下场。背景屏幕上出现一望无际的稻田。

老师:这就我们南方种植水稻的田地,每年雨水时节天气逐渐暖和起来,春雨给梯田留下充足的水分。山樱花开得正灿烂时,人们开始为新的一年的耕种做准备。快要播种了,农民们往田里灌水、松土,好让秧苗顺利扎根。

【音乐中一群农民上场做灌水、松土舞蹈动作。背景屏幕上树木长出了新叶,动物们也活跃起来。随着一声"播种啰!",农民们开始播种。

幼儿 A:老师老师,播种是什么呀?

老师:农民们将饱满健壮的稻种在温水中浸泡。捞出后放到温暖又潮湿的竹筐里过三四天,稻种就长出小小的根和芽。(农民们配合老师的话做动作)

【背景屏幕上梨花盛开,花瓣随风纷纷飘落。春雨纷纷而下,农民撒在田里的稻种在阳光下长成有三片叶子到四五片叶子健壮的秧苗。

农民 1:插秧啰!(音乐中农民们开始插秧舞蹈,众幼儿扮演的秧苗配合农民舞蹈。背景屏幕上插满秧苗的梯田)

农民们:小苗小苗快快长,开枝散叶助丰收!

农民 2:(欣喜)秧苗长势很好啊!稻穗上都开出很多稻花了!

【屏幕上一场春雨浇灌水田。农民们在幼儿扮演的水稻边打理。

老师：真是一场及时雨啊,水稻吸收更多的水分和养分,稻穗都长得够大够重,黄澄澄的稻谷沉甸甸地弯了腰。

幼儿A：老师,如果这些稻穗被雨压垮浸到了水里,快成熟的稻谷就会被淹死怎么办?

老师：那样的话农民就要冒着雨把它们扎立起来。

幼儿1：哦,农民伯伯太辛苦了。

　　　　【屏幕上雨过天晴,飞来很多麻雀来啄稻谷。农民们就在田间扎起稻草人赶走来啄稻谷的麻雀。

　　　　(扮演水稻的幼儿头上稻子完全成熟了,农民开心地互相打招呼)

农民1：稻子成熟了,割稻子啰!

　　　　(众农民开始拿起镰刀割稻子舞蹈,擦汗,扮演成熟稻子的幼儿配合舞蹈)

　　　　【音乐结束后幼儿身上的稻子道具留在舞台,幼儿下场。

幼儿A：太好了,割完稻子马上就有米吃了!

老师：还早呢。割好了稻子后,农民们还要把稻子拿到打谷木桶旁,紧握稻子茎秆用力敲打木桶内壁,谷粒就会脱落到木桶里。

　　　　(农民们在做打稻谷的动作,一阵一阵打稻谷声"咚——咚——"在时不时回响)

　　　　【屏幕上出现晒谷的场景。舞台上的农民扮演者用谷耙做翻动稻谷的动作。

幼儿A：老师老师,这又是在做什么?

老师：晒谷。收割下的稻谷还要好好晒干,才能长期保存。你看,阳光灿烂的晴天,家家户户都把稻谷铺在房屋周围的平地上晾晒。人们不停地用谷耙翻动,好让每一粒稻谷都能晒到太阳。

幼儿A：(捧起稻谷看了看)咦,这晒好的稻谷和我们平时吃的米饭不一样啊,它们是怎样变成米的呢?

　　　　【屏幕上出现人们在加工稻谷的场景。

老师：是的,稻谷上有一层壳皮,去掉这层壳皮才能做成我们能煮来吃的大米。你看,过去,人们用水碾来碾米,碾好后用风谷车把稻壳、米糠等用风吹走,把大米分离出来。

农民1：(兴奋)今年收成真不错啊!伙计们,丰收了,我们一起去庆祝庆祝吧!

农民2：是呀,看着香喷喷的大米,我们一年的辛苦总算没有白费,真是太好了!走,庆祝去!

　　　　【农民们下场。众幼儿上场。

幼儿 A：(望着下场的农民)这大米来得还真不容易,每一粒米都是农民伯伯用劳动的汗水换来的。

众幼儿：所以,我们要珍惜每一粒粮食,绝不能浪费粮食。

幼儿 A：以后,我再也不会浪费粮食了。

老师：孩子们,老师相信你们都是爱惜粮食的好孩子!

【音乐响起,老师下场,全体幼儿跳《盘中餐》舞蹈。

全体：(歌舞)锄禾日当午,汗滴禾下土,谁知盘中餐,粒粒皆辛苦。

剧终

图书在版编目(CIP)数据

中国原创绘本主题活动设计 / 郑蕙苡,沈荣编著. —上海:复旦大学出版社,2022.2(2024.6
重印)
ISBN 978-7-309-16065-9

Ⅰ.①中… Ⅱ.①郑… ②沈… Ⅲ.①戏剧教育-学前教育-教学参考资料 Ⅳ.①G613.5

中国版本图书馆 CIP 数据核字(2021)第 276888 号

中国原创绘本主题活动设计
郑蕙苡 沈 荣 编著
责任编辑/谢少卿
版式设计/卢晓红

复旦大学出版社有限公司出版发行
上海市国权路 579 号 邮编:200433
网址:fupnet@ fudanpress.com http://www.fudanpress.com
门市零售:86-21-65102580 团体订购:86-21-65104505
出版部电话:86-21-65642845
上海丽佳制版印刷有限公司

开本 787 毫米×1092 毫米 1/16 印张 13 字数 281 千字
2024 年 6 月第 1 版第 2 次印刷

ISBN 978-7-309-16065-9/G・2334
定价:55.00 元